Andreas
Bernard

Wir gingen raus und spielten Fußball

Klett-Cotta

Dritte Auflage, 2022

Klett-Cotta
www.klett-cotta.de
© 2022 by J. G. Cotta'sche Buchhandlung
Nachfolger GmbH, gegr. 1659, Stuttgart
Alle Rechte vorbehalten
Cover: ANZINGER UND RASP Kommunikation GmbH,
München
unter Verwendung einer Abbildung von © Andreas Bernard
Gesetzt von C.H.Beck.Media.Solutions, Nördlingen
Gedruckt und gebunden von CPI – Clausen & Bosse, Leck
ISBN 978-3-608-98077-6
E-Book ISBN 978-3-608-11840-7

Für Nicolas

1. Gummi

Der Sportplatz, auf dem ich das Fußballspielen gelernt habe, ist seit vielen Jahren verwaist. Niemand trifft sich mehr auf den beiden Steinfeldern, deren rötlicher Belag längst abgeblättert ist. Wenn ich heute noch an dieser Stelle vorbeikomme, in der Mitte eines weitläufigen Parks, bietet sich ein trostloses Bild. Die vier Eisentore sind irgendwann enger zusammengeschoben und neu montiert worden, um Platz zu schaffen für einen nachträglich errichteten Basketballkorb. Um dieses Gestänge herum stehen ein paar Jugendliche in hohen Sportstiefeln und werfen Bälle; ansonsten sind die Plätze unbesetzt, so leer wie ein ausgelassenes Schwimmbecken. Allenfalls sieht man einen Vater, der sich in eines der Tore gestellt hat und die unbeholfenen Schüsse seines kleinen Sohnes mit Absicht passieren lässt.

Als ich auf den Steinplätzen meine ersten Spiele machte, waren sie das lebendige Zentrum des ganzen Viertels. Der Ort wurde von allen nur der *Abenteuer* genannt, obwohl sein offizieller Name, auf grünen Tafeln am Eingang des Parks angebracht, ganz anders lautete. Jeden Tag nach dem Mittagessen fuhr ich mit dem Fahrrad die hügelige Strecke hinauf, bog nach rechts, wo die Bucht mit den Fußballfeldern lag, und vor der letzten Kurve, einem abschüssigen, von hohen Sträuchern umgebenen Fußgängerweg, stellte sich immer die bange Frage, ob auch genügend Spieler da sein würden. Kaum jemals wurde diese Hoffnung enttäuscht. Durch das Gebüsch hindurch erkannte ich die vielen beweglichen Silhouetten und die Fahrräder, die auf der Grasfläche rund um die beiden Steinplätze lagen. Meine Freude dann, wenn klar wurde, dass die Felder *besetzt* waren (genau umgekehrt wie später beim Flippern, wenn der Weg durch das Lokal von der Unsicherheit erfüllt war, ob der Apparat, der hinten im Gang zu den Toiletten stand, auch *frei* sein würde): Der Ort vibrierte, der Abenteuer machte seinem Namen alle Ehre, und am späteren Nachmittag konnte es sogar geschehen, dass Spieler für fünf oder sechs Mannschaften um die beiden Plätze herum versammelt waren und die Wartenden, wie Zuschauer auf einer Tribüne, auf den schrägen Grasflächen am Rand zusammensaßen.

Die beste Ankunftszeit, gegen zwei Uhr, war die kurze Phase, in der den verschiedenen Fraktionen, die noch auf ein Tor spielten oder unschlüssig in der Mitte herumstanden, klar wurde, dass nun genügend Leute für ein richtiges Spiel beisammen waren. Eine andere Spannung erfüllte plötzlich den Platz, und die losen, unabhängig voneinander gekommenen Gruppen gingen aufeinander zu:

»Wollen wir ein Spiel machen?«

»Gut, wer wählt?«

Es gelang mir nicht oft, diesen Moment abzupassen. Meistens war schon ein Spiel im Gange, wenn ich am frühen Nachmittag auf die Steinplätze kam, und ich erinnere mich an die Überwindung, die es kostete, mich an den Rand zu stellen und einem Spieler, der mir wie eine Autorität auf dem Feld vorkam, nach einer Weile die Frage zuzurufen: »Entschuldigung, kann ich vielleicht noch mitspielen?« oder »Braucht ihr vielleicht noch einen?« Diese Worte, die Refrains meiner Kindheit, habe ich unzählige Male ausgesprochen: auf Freibadwiesen, auf den Höfen von Landgaststätten, wenn die Eltern nach dem Essen noch länger sitzen bleiben wollten, oder auf improvisierten Fußballfeldern am Urlaubsort. Anfangs zögerte ich oft lange, aus der Angst heraus, eine abschlägige Antwort zu bekommen. Doch es geschah fast nie, dass meine Bitte wirklich zurückgewiesen wurde. Nur hörte ich regelmäßig, dass ich erst einen Zweiten finden müsse, weil die Mannschaftsstärken durch mich ins Ungleichgewicht geraten würden. Ich gewöhnte mir deshalb an, vor dem Fragen die Spieler auf dem Platz zu zählen. Ergab sich eine ungerade Zahl, rief ich meinen Satz mit etwas größerem Mut, und wenn ich dann aufs Feld kam, erwartete ich den ersten Pass, das erste Dribbling mit einer Mischung aus Unsicherheit und der Hoffnung, dass ich meinem Ballgefühl schon trauen könnte.

Ich habe kaum einzelne Gesichter vor Augen, wenn ich an die erste Zeit auf dem Abenteuer denke – eher ein Gewimmel von Oberkörpern, von dem ich als einer der

Jüngsten auf dem Feld, einen Kopf kleiner als die anderen, ständig umgeben war. Nur zwei besonders auffällige Spieler sind mir noch in Erinnerung, damals kamen sie mir wie ausgewachsene Männer vor: der eine, Hansi, klein und wendig, mit blondem Flaum über der Oberlippe und einem ärmellosen T-Shirt im Muster der amerikanischen Flagge, der andere ein bulliger, immer lächelnder Türke namens Direk. (Ich baute mir eine Eselsbrücke, um mir den fremd klingenden Namen zu merken: wie *Derrick* aus dem Freitagabend-Krimi, nur mit vertauschten Vokalen.) Beide konnten sich ganz allein durch die gegnerische Mannschaft dribbeln, und manchmal schoben sie am Ende dem mitgelaufenen Sechs- oder Siebenjährigen großzügig den Ball zu, damit er ins leere Tor schießen konnte.

Direk kam meistens in Anzug und eleganten Schuhen auf den Platz, legte Sakko und Hemd auf einen der Steinhocker neben den Tischtennisplatten und spielte in jener Kluft, die ich später noch oft bei älteren türkischen Spielern (und nicht den schlechtesten) gesehen habe: mit Unterhemd, Anzughose und schwarzen Slippers. Die dünne Sohle seiner Schuhe sorgte dafür, dass er eher über den Platz rutschte als lief, aber seinem unglaublichen Ballgefühl konnte das nichts anhaben. Direk umspielte die mit akkuraten Sportschuhen ausgerüsteten Gegner, ließ den letzten Verteidiger ins Leere laufen, schlitterte ein, zwei Meter und schob mir vor dem hinauslaufenden Torwart den Ball zu. Nachdem ich das Tor erzielt hatte (das nur noch »Formsache« gewesen war, wie ein

Kommentator gesagt hätte), kam er im verschwitzten Unterhemd über der auberginefarbenen Hose auf mich zu, legte mir grinsend den Arm um die Schulter, und der herbe Geruch, der in der Luft lag, war für mich das Zeichen der erwachsenen, arrivierten Fußballwelt.

Unterhalb der Steinfelder, am Ende des Abhangs, der zum Gelände des Fußball- und Hockeyclubs führte, gab es noch einen kleinen Sportplatz mit rotem Gummibelag und richtigen Handballtoren. Dieser Platz war immer leer, und weil er keinen sichtbaren Zugang hatte und von einem hohen Zaun umgeben war, hielt ich ihn lange Zeit für einen Teil des Vereins oder vielleicht auch der dahinterliegenden Schule. Ich weiß nicht mehr, wie es dazu kam, dass ich dort zu spielen begann. Im Unterschied zum Abenteuer, dessen Eröffnungsdatum auf den Tafeln am Parkeingang eingraviert ist, hat dieser Ort, an dem ich dann viele Jahre lang jeden Tag verbrachte, in meiner Erinnerung keinen Ursprung. Vielleicht hing die Abkehr von den Steinfeldern damit zusammen, dass ich kurz nach meinem siebten Geburtstag (laut der Ausweiskarte, die ich aufbewahrt habe, ab September 1976) im Fußballverein Mitglied wurde und dadurch bei jedem Training den Gummiplatz im Blick hatte. Es gab natürlich doch eine unscheinbare Eingangstür, und wahrscheinlich haben ein paar Spieler irgendwann damit angefangen, sich vor dem Training dort zu treffen.

Was ich aber noch genau weiß: Von den Steinfeldern hinunter auf den Gummiplatz zu wechseln, kam einer

Beförderung gleich. Anstelle der losen Zusammensetzung oben, manchmal nur zu sechst oder siebt, manchmal zu zwanzigst, mit älteren und jüngeren Spielern, guten und schlechten, deutschen und ausländischen, bildete sich hier sofort eine einheitliche Gruppe von Fußballern. Wir waren alle ungefähr im selben Alter, anfangs vielleicht zwischen neun und elf, und bis auf wenige Ausnahmen Vereinsspieler beim benachbarten Club oder den anderen, etwas kleineren, die es in unserem Stadtteil gab. Niemand kam zufällig vorbei, es fehlte die Laufkundschaft wie auf dem Abenteuer, was sicher mit der Abgeschlossenheit des Platzes zu tun hatte, eingebettet zwischen dem großen Vereinsareal auf der einen Seite und dem mit Bäumen bewachsenen Abhang auf der anderen.

Ab Viertel nach zwei während der Schulzeit, in den Ferien schon morgens um neun, trafen auf dem *Gummi*, wie der Ort bei uns hieß, fast ein Jahrzehnt lang die gleichen Spieler zusammen: Harald, Christian, Stefan, Rainer, Oliver, Jürgen, Martin, Frank; wenig später kamen Thomas, Michael, Wolfgang, Jan, Norbert, Peter, Jörg und ein weiterer Oliver hinzu. Der Klang der Namen und ihrer geläufigen Abkürzungen (»Harry«, »Michi«, »Oli«; Christian und Thomas wurden nur mit ihren Nachnamen »Jonas« und »Huber« gerufen), diese graue, aber solide DIN-Norm männlicher Vornamen der späten sechziger und frühen siebziger Jahre: Im Nachhinein kommt es mir so vor, als wäre die Stabilität der Gemeinschaft sogar ein wenig auf diese Namen zurückzuführen, als hätten sie in ihrer Biederkeit ein verlässlicheres Fundament gebildet als die leichteren, eleganteren Vornamen späterer Jahre, die Leons, Marvins, Lennarts, Tims, die sich vielleicht auf flüchtigere Art verbinden als die schwerfälligen Michaels und Stefans.

Auf dem Gummi wurde der Fußball wichtiger genommen, das ließ sich schon an der Kleidung erkennen. Undenkbar wäre hier gewesen, was oben ständig geschah: dass jemand in Straßenkluft mitspielte, in Jeans und T-Shirt oder, wie die älteren Türken, in Unterhemd, Anzughose und Lederslippers. Nicht nur räumlich bildete dieser Ort also das Mittelglied zwischen Spielplatz und Verein, sondern auch was den Ernst der Sache betraf. Alle kamen wie selbstverständlich in Trainingsanzügen und Sportschuhen, mit glatter Sohle oder kurzen Noppen, und manche besaßen sogar ein originales Bundesligatrikot: Harry ein weißes vom Hamburger SV, mit dem BP-Logo, ich eines vom MSV Duisburg – nicht weil ich ein großer Fan gewesen wäre, sondern weil mir die blau-weißen Querbalken, die der Mannschaft den Spitznamen »Zebras« verliehen hatten, so gut gefielen. Ende der siebziger Jahre war es kein leichtes Unterfangen, ein solches Originaltrikot mit Werbeschriftzug zu bekommen. Es gab meines Wissens nur eine einzige Quelle, und zwar eine Firma, die in der Zeitschrift *Kicker* inserierte und die Trikots vieler Bundesligaclubs anbot. Ich lag meinen Eltern lange in den Ohren, mir eines vom MSV Duisburg zu bestellen, und als sie dann tatsächlich einwilligten und das Trikot mit dem Schriftzug »Diebels Alt« (dessen Bedeutung mir rätselhaft war) Wochen später vom Postboten gebracht wurde, kam mir seine Existenz fast unwirklich vor. Ausgepackt und glatt gestrichen lag es vor mir auf dem Küchentisch, und es sah genauso aus wie auf den Körpern der Spieler in der *Sportschau.* Das Trikot war natürlich viel zu groß, ging mir bis fast an die Knie, und meine Mutter trennte mit der Schere kurzerhand ein oder zwei blaue Querbalken ab, damit es mir halbwegs passte: eine Entscheidung, die ich bald sehr bedauerte.

Dass es auf dem Gummi nun um Sport ging, daran hatte der Platz selbst erheblichen Anteil. Sein weicherer Belag, der Tartan (der ursprünglich keine Materialbezeichnung war, sondern, wie man nachlesen kann, der Markenname einer Kunststoffmischung, eingesetzt zum ersten Mal für die Laufbahnen bei den Olympischen Spielen 1968), ermöglichte eine andere Art von Fußball. Er schonte unsere Lederbälle, die nun nicht mehr wie auf dem Abenteuer an den Nähten aufrauten und zu platzen drohten, und erlaubte ein genaueres, besser zu kontrollierendes Spiel, weil der Ball weniger stark aufsprang als auf dem nackten Stein. Gleichzeitig wurden die Aktionen aber auch körperbetonter: eine Grätsche oder ein Flugkopfball war nicht mehr wie oben unweigerlich mit Hautabschürfungen verbunden. (Vertrautes Bild meines Körpers in diesen Jahren: die frischen oder kaum verheilten Wunden an der Außenseite des rechten Oberschenkels, auf den ich als Linksfuß meistens fiel.) Zudem lag der Gummi dank der hohen Bäume ringsum fast immer im Schatten, was das Spielen auch an heißen Sommertagen erträglich machte. Die Felder oben dagegen waren der prallen Sonne ausgesetzt, und die Hitze wurde durch den Steinbelag noch verstärkt.

Der größte Unterschied zwischen den beiden Plätzen betraf allerdings die Beschaffenheit der Tore. Auf dem Abenteuer standen jene klobigen Eisenstangen-Tore, mit denen alle neu gebauten Spielplätze der Stadt ausgerüstet waren: Pfosten, Latte und das Gitter des Netzes aus demselben Guss. Es war das Material des öffentlichen Raums, robust genug, um einer unbeaufsichtigten Meute Tag für Tag ausgesetzt zu werden. Richtige Tornetze, aus elastischem Stoff, wie wir sie aus der Bundesliga und den umliegenden Fußballvereinen kannten, erschienen den Stadtplanern wohl allzu fragil und leicht zerstörbar. Wie verheißungsvoll kam es uns daher vor, nun einen Platz mit Handballtoren gefunden zu haben, auf dem wir unbehelligt spielen konnten. Offiziell gehörte der Gummi tatsächlich zu jenem Gymnasium hinter dem Hauptplatz des Fußballclubs, das ich ab der fünften Klasse besuchte, doch er wurde im Sportunterricht nie genutzt, weil der Weg quer durch das Vereinsgelände viel zu weit gewesen wäre. Wir hatten das Spielfeld also jeden Tag für uns allein, und der Platzwart des Clubs, der für die Aufsicht zuständig war, ließ uns, zumindest in der ersten Zeit, vollkommen in Ruhe.

Mittwoch und Donnerstag zwischen fünf und halb sieben fand das Training im Verein statt, Montag- bis

Freitagnachmittag und einen Teil des Wochenendes stand ich auf dem Gummi, und was mir diese beiden Orte über den Fußball beibrachten, verhielt sich ungefähr so zueinander wie eine offizielle Sprachenschule zum Aufenthalt im Land selbst. Das Vereinstraining zerlegte die Grammatik des Fußballs in einzelne Lektionen: Wir feilten an der Syntax der Pass- und Laufwege; wir übten die Konjugation des Schießens ein, von der Grundform der Innenseite über den Imperativ des Vollspanns hin zum unregelmäßigen, selten gebrauchten Partizip der Außenseite; und am Ende jeder Einheit durften wir das zuvor Erprobte in der freien Konversation des Trainingsspiels anwenden, immer wieder unterbrochen von korrigierenden Zwischenrufen des Trainers. Ganz anders ging es auf dem kleinen Platz ein paar Meter weiter zu, hinter der in den Zaun eingelassenen Tür. Dort gab es keine Lehrpläne und keinen Übungsleiter: Jeder Neuling wurde sofort ins Getümmel der Muttersprachler hineingeworfen, musste sich in dem Kauderwelsch zurechtfinden, und auch wenn der Lernprozess ohne jede Ordnung ablief – hier ein Stellungsfehler, dort eine schiefe Eigenart – und des Schliffs des angeleiteten Trainings irgendwann bedurfte (wer nichts als den Gummi kannte, hielt mit zwölf oder dreizehn Jahren nicht mehr mit), sorgte allein diese Ausbildung für die volle Gewandtheit in der Sprache des Spiels. Und genau deshalb sind auch die notorischen Ausdrücke, die sich heute zur Beschreibung dieser Orte eingebürgert haben, so verfehlt. Man spricht vom »Bolzplatz«, auf dem man »kickt«, wenn von einem Fußballfeld wie dem Gummi die Rede ist – Wörter, die das Nicht-ganz-so-Ernste, Richtungslose des Spiels herausstreichen sollen, die Differenz zur professionellen Atmosphäre des Clubs. Aber nichts könnte falscher sein als dieser Gegensatz. Denn der autodidaktische Fußball auf dem kleinen roten Platz hat jedem von uns erst das Rüstzeug dafür mitgegeben, auch an der reglementierten Welt des Vereinssports Gefallen zu finden.

Der neue Fußballstil auf dem Gummi war damals nicht mit jedem Mitspieler von oben vereinbar. Es gab zwar keine Ausschlüsse; niemandem wurde es verwehrt, vom Abenteuer mit nach unten zu kommen. Dennoch war klar, dass manche der alten Weggefährten nicht zu dem Ort passten. Das galt vor allem für diejenigen, die den Fußball nur als Option unter anderen ansahen, die in abgeschnittenen Jeans und Straßenschuhen auf dem Abenteuer aufkreuzten und dann eine Zeit lang mitkickten (hier traf das indifferente Wort einmal zu), bevor sie Fahrradrennen auf dem leicht erhöhten Asphaltweg rund um die Steinfelder veranstalteten oder in den Gebüschen am Rande des Spielplatzes herumstreunten. (Sie waren dann auch die Ersten, die Zigaretten und Feuerzeuge dabeihatten und an den Tischtennisplatten zusammenstanden, um zu rauchen und Dinge anzuzünden; bald waren alle Platten mit schwarzen Rußflecken übersät.) Unter diesen Mitspielern gab es etwa ein Brüderpaar, Rudi und Karli, der eine in unserem Alter, der andere ein paar Jahre darüber. Karli war ein harter, wegen seiner Körperfülle gefürchteter Verteidiger. Rudi aber gehörte auf dem Abenteuer zu den auffälligsten Fußballern überhaupt: Er hatte eine sehr ungewöhnliche Spielweise, führte den Ball, wie Wolfram Wuttke in der Bundesliga, fast nur mit der rechten Außenseite und schoss dank seiner Dribbelkunst Tor um Tor. Auf den Gummi kam er dann trotzdem nicht mit, und diese Distanzierung hatte keineswegs mit seinen fußballerischen Gaben zu tun. Rudi war vielmehr »ein typischer Steinplatz-Spieler«, wie es einer von uns später formulierte: eine Kategorie, die besagte, dass er sich, unabhängig vom Grad des eigenen Talents, nicht so viel aus Fußball machte, und die zudem auf eine bestimmte Grobheit hindeutete, die wir Braveren und Ambitionierteren auf dem Gummi nicht hatten.

Je stärker unser Leben unten vom Fußball geprägt wurde, desto leerer wurde es oben auf dem Abenteuer. Wenn die Erinnerung nicht trügt, kehrten sich damals auch viele andere Spieler von den Steinplätzen ab, doch für sie war dieser Rückzug gleichbedeutend mit der Entscheidung, den Sport komplett aufzugeben. Auf dem Abenteuer war anfangs ein Urgemisch des Viertels versammelt, ein Durcheinander von Trainingshosen und Jeans, T-Shirts und Trikots, Sportschuhen, Lederslippers und sogar Cowboystiefeln (wenn ein älterer Mopedfahrer an den Tischtennisplatten den ins Aus gerollten Ball mit seinen spitzen Stiefeln zurückschoss, unter dem Gejohle der Freunde, hatten wir immer Angst, dass er vielleicht platzen könnte). Jetzt spaltete sich dieses Gemenge auf, in die ernsthaften Fußballer und in die

Herumstreuner und Rocker. Rudi und Karli etwa, die in einer Neubausiedlung am Rande des Parks wohnten, feilten bald nur noch in schwarzen Lederjacken an ihren Mopeds herum, und man musste sich hüten, ihnen allein auf der Straße zu begegnen. Wer mit auf den Gummi gekommen war, hatte sich zumindest bis zum Beginn der Lehre oder bis zu den ersten Schulpartys einem unschuldigen, vom Sport bestimmten Alltag verschrieben. Über manche der Ehemaligen, die man im Viertel nur noch selten sah, höchstens im Freizeitheim während der Wintermonate oder an den Autoscootern beim Frühlingsfest, kursierten dagegen bald Geschichten über Diebstähle und illegale Motorradrennen, und es fielen Wörter wie »frisiert«, »Dope« oder »Sozialstunden«, die mir nichts sagten.

Eine andere Abgrenzung dieser Zeit betraf die vielen türkischen und jugoslawischen Spieler oben, die, abgesehen von ein, zwei Ausnahmen (und auch das erst Jahre später), nie auf dem Gummi auftauchten. Diese Distanz hatte nichts mit prinzipieller Antipathie zu tun, auch wenn einzelne aus unserer Gruppe später tatsächlich ausländerfeindliche Reden zu schwingen begannen; sie ging damals allein auf den Unterschied der Spielweisen zurück. Die Türken und Jugoslawen auf dem Abenteuer, fußballerisch im Durchschnitt begabter als wir, waren uns zu »verfummelt«, wie wir es nannten. Unten wurde mit der Zeit immer einfacher und zielstrebiger gespielt, mit wenigen Ballkontakten zwischen den Pässen, sooft es ging auch direkt; der schnörkelhafte, etwas selbstverliebte Fußball, den wir auf den Steinplätzen von Dusko und Bojan, Ismet und Hüseyin kannten, wäre auf dem Gummi fremd gewesen. Manchmal, wenn wir unten nicht genügend Leute beisammenhatten, kam es in den Jahren darauf noch zu Spielen auf dem Abenteuer, und im Kleinen wiederholte sich dann die bekannte Rollenverteilung des Fußballs Anfang der achtziger Jahre, als Deutschland zwar erfolgreich spielte, Europa- und Vizeweltmeister wurde, aber den südeuropäischen Teams fußballerisch unterlegen war. Unter den Elf- bis Vierzehnjährigen im Münchner Süden zeigte sich dasselbe Schema, derselbe Mentalitätsunterschied. Dusko, der elegante Techniker, verlud uns ein ums andere Mal, verteilte etliche Beinschüsse, tanzte, den Ball nur mit der Sohle streichelnd, im Mittelfeld drei Gegner auf einmal aus (mit jener Rückwärtspirouette, der Zinedine Zidane später Berühmtheit verlieh). Wenn es zu einem Pressschlag kam und der Ball senkrecht aus großer Höhe herunterfiel, führte Ismet den perfidesten Steinplatz-Trick vor: Er streckte die Hände in die Höhe und gab vor, den Ball fangen zu wollen; wir Gegenspieler wichen vor diesem Regelverstoß instinktiv zurück, er aber zog die Hände im letzten Moment beiseite und sicherte sich den aufspringenden Ball. In solchen Momenten gab uns das andere Team fast der Lächerlichkeit preis, doch vor dem Tor machten sie dann einen Schlenker zu viel, spielten, wie der Reporterjargon besagt, »Hacke, Spitze, eins, zwei, drei« und versäumten es, Tore zu schießen. Am Ende gewannen fast immer wir.

2. Tango 78

An die Kindheit denken heißt an den Fußball denken, nicht nur an die Anfänge des eigenen Spielens (die
Schüsse auf die gewellten Garagentore im Hinterhof der
alten Wohnung, bei denen der Ball in unberechenbarem
Winkel zurücksprang), sondern vor allem auch an die
frühesten Fernsehbilder, die im Gedächtnis geblieben
sind. »Was war deine erste WM?«, lautet eine häufige
Frage in Gesprächen über den Fußball. Diese Szenen
markieren eine Grenze zwischen unbewusstem und
bewusstem Leben, die einem angehört wie das eigene
Geburtsjahr.

In meiner Erinnerung liegt diese Grenze genau zwischen den Weltmeisterschaften von 1974 und 1978. Von
dem umjubelten Ereignis in Deutschland fehlt jede
Spur; das Turnier 1978 in Argentinien dann, bei dem
ebenfalls die gastgebende Mannschaft gewann, ist mir
bereits deutlich und in vielerlei Bildern vor Augen. Das
Bewusstsein für das Spiel setzt in einem Frühsommer
dazwischen ein, gebunden an den kleineren Scheitel-
punkt der vertrauten, im Zwei-Jahres-Rhythmus aus-
schlagenden Erinnerungskurve, die die Welt- und Europameisterschaften bildet. Am Sonntag, den 20. Juni 1976,

um Viertel nach acht, sagt Google, wurde das EM-Finale zwischen Deutschland und der ČSSR angepfiffen, das Spiel, dessen dramatischem Ende ich die ersten Eindrücke des großen Fußballs verdanke. Von einer Partie kurz zuvor, dem Endspiel im Europapokal der Landesmeister zwischen Bayern München und AS Saint-Étienne, habe ich zwar ebenfalls ein paar flüchtige Bilder behalten, die Gestalt der schlaksigen, langhaarigen Franzosen, das Dunkelgrün ihrer Trikots. Aber mit diesem Spiel bringe ich keine konkreten Ereignisse in Verbindung. Das geschah erst ein paar Wochen später. Heute rührt mich die Großzügigkeit meiner Eltern, dass sie es ihrem knapp siebenjährigen Sohn erlaubten, bis zum Ende des Elfmeterschießens gegen elf Uhr nachts aufzubleiben. (Vielleicht hatte ich, wie es an Europacup-Abenden unter der Woche bald üblich wurde, »vorgeschlafen«, oder das Schuljahr war Ende Juni, einen Monat vor dem Beginn der Sommerferien, schon so gut wie abgeschlossen.)

Es sind nur ganz wenige Szenen, die mir von diesem Abend im Gedächtnis geblieben sind: Uli Hoeneß' Schuss weit über das Tor, das schneidende Gefühl der Enttäuschung, sein in den Händen vergrabenes Gesicht. Doch bevor ich mir über die Folgen dieses Missgeschicks wirklich klar wurde, stand schon der letzte Spieler der Tschechoslowaken am Elfmeterpunkt, der etwas mürrisch aussehende, schnauzbärtige Kapitän – »der Panenka«, wie mein Vater ehrfürchtig sagte. Und dann geschah etwas Seltsames: Der Schütze lief an, Sepp

Maier warf sich in eine Ecke, doch der Ball nahm eine Flugbahn ins Tor, wie ich sie noch nie gesehen hatte. Lag es an meiner Übermüdung? An meinem Blickwinkel von der Couch aus, etwas schräg zum Fernseher? Ich verstand jedenfalls nicht gleich, was passiert war. Erst in der Wiederholung – die Spieler der ČSSR waren längst jubelnd auf ihren Kapitän zugelaufen – löste sich das dreiste Unterfangen auf, diese neue Variante des Elfmeterschusses, die seither seinen Namen trägt, der »Panenka-Elfer«, bei dem, nach einem schnellen Anlauf, der Ball ganz leicht in die Mitte des Tores gelupft wird. (Bis heute wird diese riskante Methode kopiert, manchmal auch in entscheidenden Spielen, wie von Andrea Pirlo bei der Europameisterschaft 2012. Doch wenn sie danebengeht, wenn der Torwart das Manöver erahnt und einfach stehen bleibt, fällt die ganze Häme auf den Schützen zurück.)

Mit diesem hochmütigen Treffer beginnt meine Biografie als Fußballzuschauer. Bei *meiner ersten WM,* zwei Jahre später, sind es dann schon keine vereinzelten Bilder mehr, die ich vor Augen habe; der Verlauf des Turniers selbst ist mir in Erinnerung, vom Eröffnungsspiel, einem trägen 0:0 zwischen dem Titelverteidiger Deutschland und Polen, das ich mit meinem Vater bei einem ehemaligen Nachbarn im alten Wohnhaus ansah, bis zum Finale zwischen Argentinien und den Niederlanden, an dem mich vor allem der von Papierfetzen übersäte Rasen des River-Plate-Stadions in Buenos Aires beeindruckte. Den traurigen Höhepunkt der Weltmeisterschaft, die »Schmach von Córdoba«, verfolgten wir wie viele andere Spiele im österreichischen Fernsehen, »weil da die Kommentatoren besser sind«, wie mein Vater immer sagte, und ich bin mir nicht sicher, ob er, der in Wien groß Gewordene, sich über das späte Siegtor der Österreicher durch Hans Krankl gegen die Deutschen eher ärgerte oder freute.

Die WM 1978 fand für mich aber nicht nur am Fernsehgerät statt. Schon vor der eigentlichen Eröffnung beschäftigte mich das Turnier, in Gestalt der Sammelbilder der Firma Panini, die es in den Schreibwarenläden unseres Viertels zu kaufen gab. Ein eigenes Album hatte ich noch nicht, das besorgte ich mir erst bei der Europameisterschaft 1980, aber nach und nach klebte ich Dutzende von Bildern auf meinen roten Kinderschreibtisch und die Rückseite der Zimmertür. Am liebsten waren mir die Porträts der südamerikanischen Spieler, die hellblau-weißen Argentinier mit ihren langen Mähnen und den hartgesottenen Namen, die wie aus Westernfilmen klangen, Luque, Ardiles, Passarella, allen voran natürlich Mario Kempes, der in diesem Sommer mein Held wurde. (»Ich bin der Kempes«, rief ich zu Beginn eines Spiels auf dem Abenteuer, oder war es schon unten auf dem Gummi?) Aber auch auf die Peruaner hoffte ich, wenn ich eine Fünfertüte aufriss, auf die ungewöhnlichen weißen Trikots mit dem diagonalen roten Streifen, der die Spieler wie eine übergeworfene Schärpe zierte, und die es mir vielleicht deshalb so angetan hatten, weil mich das Muster an das Auto meiner

Lieblingsserie *Starsky & Hutch* erinnerte, das so ähnlich gestaltet war, mit einem weißen Streifen quer über der roten Lackierung. Von den Brasilianern dagegen, denen vier Jahre später meine ganze Aufmerksamkeit gelten würde, mit Spielern wie Zico, Sócrates, Falcão, Júnior, fehlt jede Erinnerung; keinen einzigen Namen könnte ich aus dem Team von 1978 aufsagen.

Was mich an den Eindrücken dieser WM, aus dem weit entfernten Land, besonders faszinierte, waren die kleinen Unterschiede im Gewohnten, die Netze der Tore etwa, die viel weiter nach hinten gespannt waren, als ich es aus der Bundesliga kannte, oder die merkwürdigen schwarzen Querstreifen unten an den Torpfosten, deren Sinn ich nicht verstand (und die fast vierzig Jahre später noch einmal eine Debatte auslösten, als ein Platzwart des River-Plate-Stadions einem britischen Journalisten anvertraute, die Streifen seien damals ein stiller Protest gegen das Militärregime gewesen). All diese Details verblassten für mich aber im Vergleich zu der einen spektakulären Neuheit von 1978: dem *Tango*, dem Spielball, den Adidas extra für das Turnier entworfen hatte.

Nach den ersten Pässen in der Eröffnungspartie fiel mir auf, dass etwas anders war als sonst. Der Ball lief durch die Reihen, aber es war nicht das übliche schwarz-weiß gefleckte Muster zu sehen, jenes vertraute Ensemble aus Sechs- und Fünfecken, aus dem alle mir bekannten Fußbälle zusammengesetzt waren: die glänzenden, perfekt geformten Exemplare der Bundesliga genauso wie die abgeblätterten graubraunen Trainingsbälle aus dem Schuppen unseres Fußballvereins, die sich bei Regen vollsogen und beim Kopfball einen dumpfen Schmerz verursachten. Sie mussten nicht immer schwarz-weiß sein; der *Derby Star* etwa, der bei Heimspielen von Borussia Mönchengladbach zum Einsatz kam, war komplett weiß, und im Winter wurde, bei schneebedecktem Rasen, auch manchmal mit einem orangenen oder orange-schwarz gefleckten Ball gespielt. Die Farbe konnte also variieren, aber das Muster, die Anordnung der größeren Sechs- und kleineren Fünfecke, war vorgegeben. Es schien zur natürlichen Beschaffenheit eines Fußballs zu gehören, unabänderlich wie die Strafraummarkierung für die Gestaltung des Spielfelds. (Dass das Fleckendesign in Wahrheit eine eher junge Geschichte hatte und erst bei der WM 1970 obligatorisch wurde, damit der Ball auf den Schwarz-Weiß-Geräten besser zu erkennen war als die rotbraunen, ganz anders vernähten Exemplare, die vor dem Fernsehzeitalter in Gebrauch waren, wusste ich damals noch nicht.) Beim Eröffnungsspiel von 1978 jedoch war diese für mich gültige Naturgestalt aufgelöst worden. Der Ball hatte ein filigraneres Muster, das sich im Rollen zu schwarzen Kreisen auf der hellen Grundfläche formte, aber gleichzeitig seltsam durchbrochen wirkte. Und vor einem Freistoß oder einer Ecke muss ich den *Tango* dann zum ersten Mal in ruhender Nahaufnahme gesehen haben: Auf dem weißen Leder waren elegante Verzierungen angebracht, eine Anordnung von schmalen, geschwungenen, an den Winkeln offenen Dreiecken. Zu den klobigen schwarzen und weißen Flecken verhielt sich dieses Muster wie ein Blumenstrauß zu einem Leitpfosten.

Ich wollte so schnell wie möglich mit einem echten *Tango* spielen, ihn zumindest in Händen halten, und vermutlich war die WM noch im Gange, als ich in die Innenstadt fuhr, um in den drei großen Sportgeschäften, Scheck, Schuster und Münzinger, nach dem Ball zu suchen. Als ich ihn in einem Regal entdeckte, auf einer Art Sockel thronend, der zur Verpackung gehörte, war im ersten Moment klar, dass das Originalmodell für mich so unzugänglich wie unerschwinglich bleiben würde (ich glaube, es kostete 149 Mark). Dass der *Tango* dann kurz darauf doch noch am Abenteuer auftauchte, lag daran, dass Adidas in der Zeit nach der Weltmeisterschaft preiswertere Varianten des Balles auf den Markt brachte. Eines frühen Nachmittags hatte ihn ein älterer Spieler dabei, vermutlich einen *Tango Rosario*, der nur halb so teuer war wie der originale *Tango River Plate*, und alle, die gerade auf den beiden Steinplätzen herumstanden und auf das Zustandekommen eines Spiels warteten, liefen auf den Besitzer zu, um den Ball wie eine Trophäe zu bestaunen. Irgendwann an diesem Nachmittag landete er auch für ein paar Momente bei mir, und ich weiß noch, welches Vergnügen es bereitete, mit dem *Tango* zu jonglieren. Die Verzierungen auf dem Ball begannen ineinanderzulaufen, und dieses schöne Muster befeuerte den Ehrgeiz, ihn möglichst lange in der Luft zu halten.

Meine ersten Eindrücke vom Fußball, in Spielen um den Landesmeister-Pokal oder die Welt- und Europameisterschaft, sind heute dem ständigen Impuls des Nachprüfens ausgesetzt. Auf demselben Gerät, auf dem das Geschriebene entsteht, nur ein paar Mausklicks entfernt, ließen sich die Erinnerungsbilder, die unscharf und womöglich nicht immer zuverlässig sind, der Kontrolle unterziehen. Waren die Trikots von AS Saint-Étienne 1976 wirklich »dunkelgrün«, die französischen Spieler ausnahmslos »schlaksig« und »langhaarig«? Machte Antonín Panenka, wie ich es deutlich vor mir sehe, beim Anlauf zu seinem legendären Elfmeter einen »mürrischen« Eindruck? Und können die zahllosen weißen Flecken, die im Finale 1978 die Strafräume des River-Plate-Stadions zierten, tatsächlich als »Papierfetzen« bezeichnet werden, oder warfen die Zuschauer hinter den Toren nicht vielmehr Klopapierrollen oder Konfetti aufs Spielfeld? YouTube würde auf all diese Fragen eine so rasche wie eindeutige Antwort liefern.

Ohnehin findet jeder Fußballfan seit fünfzehn Jahren ideale Bedingungen vor, um Erinnerungen an besonders wichtige Spiele, besonders spektakuläre Tore jederzeit aufzufrischen. Wie oft habe ich mich früher danach gesehnt, eine bestimmte Szene, die etliche Male vor meinem inneren Auge abgelaufen war, noch einmal wiederzusehen? Das Solo des achtzehnjährigen Daniel Simmes über den ganzen Platz, in seinem allerersten Bundesligaspiel für Borussia Dortmund, das 1984 zum »Tor des Jahres« gewählt wurde. Jürgen Wegmanns einzigartiger

Treffer in seiner Zeit beim FC Bayern, ein paar Jahre später, für dessen Artistik in der Fußballsprache kein Begriff zur Verfügung stand. Als Wegmann den hohen Steilpass in den Strafraum direkt verwandelte, lag er fast waagrecht in der Luft, aber nicht, wie bei einem Fallrückzieher, mit dem Rücken zum Tor, sondern in der Vorwärtsbewegung; er hatte die Flugbahn des Balles über ihm erahnt und war genau rechtzeitig abgesprungen, in der Art eines *Fallvorziehers*. Doch selbst Sensationen wie diese waren nach der ersten Berichterstattung in der *Sportschau* und der Wiederholung im *Aktuellen Sportstudio* nicht mehr verfügbar. Allenfalls kehrten sie bei der Auswahl zum »Tor des Monats« oder in einem Jahresrückblick zwischen Weihnachten und Silvester zurück, um danach für immer in den Archiven der Fernsehsender zu verschwinden. Abgesehen von einem schmalen Kanon historisch gewordener Tore, die als Embleme der bundesdeutschen Geschichte regelmäßig gezeigt wurden – Helmut Rahns 3:2 von 1954, das berüchtigte »Wembley-Tor« 1966, Müllers Drehschuss 1974, Brehmes Elfer 1990, Bierhoffs Golden Goal 1996 –, lebten der Fußball und seine entscheidenden Szenen nach einmaligem Aufscheinen weitgehend in der Erinnerung der Zuschauer fort.

Heute sorgen die allgegenwärtigen Kameras und das totale Archiv des Netzes dafür, dass praktisch jede Spielszene in Sekundenschnelle aufzufinden und abrufbar ist, die glamourösen, zu Best-of-Clips geordneten Höhepunkte des Weltfußballs genauso wie Kurioses aus den abgelegensten Ländern und Ligen. Bei der Kür zum »Tor des Monats« gab es bis in die späten neunziger Jahre hinein manchmal den aufregenden Fall, dass unter den bekannten Treffern der Bundesliga plötzlich grobkörnige, leicht verwackelte Bilder aus einer seltsamen Perspektive auftauchten; ein besonders spektakuläres Tor aus einer unteren Spielklasse hatte es in die Auswahl geschafft, mitgeschnitten an der Seitenlinie oder auf der flachen Tribüne eines Dorfstadions. Wenn ein solcher Treffer gewann, verwies der *Sportschau*-Moderator bei der Ehrung des Schützen gerne auf den »zufällig anwesenden Amateurfilmer«, dem man die Verewigung dieses flüchtigen Moments zu verdanken habe. Heute ist jeder Zuschauer auf jedem Platz der Welt ein potenzieller Amateurfilmer, YouTube hat Abermillionen von kurzen Sportvideos gespeichert, und die Traumtore des Fußballs, die vielleicht auch deshalb zu ihrem schönen Namen kamen, weil sie nach dem einmaligen Miterleben vorwiegend in der Einbildungskraft der Zuschauer existierten, haben sich in ewig präsente Realitäten verwandelt.

Was bedeutet diese Verfügbarkeit für die Geschichte der eigenen Fußballerinnerungen? Die Versuchung, die lange zurückliegenden Eindrücke durch ein paar Klicks zu bekräftigen oder zu widerlegen, ist immer vorhanden. Aber diesem Reiz steht ein Abwehrimpuls entgegen, der den Prozess der Vergegenwärtigung an ein Rechercheverbot binden möchte, an eine Art Verifizierungsaskese. Denn die unentwegt mögliche »Auffrischung« der Erinnerung ist vielleicht gleichbedeutend mit ihrem Verschwinden. Der Raum der Vorstellungskraft: geflutet vom endlosen Stream der Bilder. Natürlich, immer wenn ich den Lockungen des Archivs nachgebe, machen mir die alten Fernsehaufnahmen auf den ersten Blick klar, wie brüchig meine Gewissheiten sind: Die Trikots von AS Saint-Étienne 1976, daran besteht kein Zweifel, waren in Wirklichkeit *hellgrün*, und Uli Hoeneß hat sein Gesicht nach dem Fehlschuss gegen die ČSSR nicht in den Händen *vergraben*, sondern es allenfalls kurz bedeckt. In einer journalistischen oder wissenschaftlichen Abhandlung zur Geschichte des Fußballs müssten diese Unstimmigkeiten sofort stillschweigend korrigiert werden. Aber was, wenn der Vorgang des Erinnerns selbst zum Gegenstand des Schreibens gehört? Die Unschärfen der eigenen Bilder sind bei diesem Versuch kein Makel, keine bloße Abweichung vom objektiv Geschehenen, sondern wahrhaftiger Teil eines einzelnen Fußballbewusstseins, mit all seinen Schleiern und Filtern.

Stellt sich nicht grundsätzlich die Frage, was die neuen Beglaubigungsmaschinen für eine bestimmte Schreibweise der Literatur bedeuten? Wer sich heute in seine Kindheit vor dreißig oder vierzig Jahren zurückversetzen will, dem bietet das Netz eine Überfülle von Wiederentdeckungen. Kein Spielzeug der siebziger, keine Schokoriegel- und Eis-am-Stiel-Marken der achtziger Jahre, die sich nicht nach Eingabe einiger Schlagwörter sofort vor Augen stellen ließen. Die tastende, beschwörende, manchmal entmutigte und zermürbte, dann wieder unverhofft beschenkte Erinnerung ist unter diesen Umständen zu einer sinnlosen, überkommenen Funktion des Schreibens geworden. Aber hätte Nabokov seine Autobiografie im Palace Hotel von Montreux mit Google und YouTube auf dem Schoß vollendet? Würde es Uwe Johnsons *Jahrestage* geben, wenn in Manhattan Ende der sechziger Jahre Highspeed-WLAN und Websites wie *antiqueprintsandmaps.com* die mecklenburgische Landschaft vor dem Zweiten Weltkrieg hätten aufleben lassen? Die größten Erinnerungsbücher sind einem elementaren Mangel abgerungen, und es ist noch nicht entschieden, welche Konsequenzen die digitalen Paradiese der Vergegenwärtigung für das literarische Schreiben haben werden.

Doch wie rasch auch immer die Archive inzwischen zu Hilfe eilen: Was in meinem Fußballgedächtnis bis heute nicht verblasst, ist eine bestimmte Erinnerungslinie, eine Serie von Daten und Bildern, die seit langer Zeit mein Leben ordnet. Der Zwei-Jahres-Takt der Welt- und Europameisterschaften gibt den Rhythmus vor, in dem sich die zersplitterten Eindrücke der eigenen Biografie zu einer regelmäßigen Struktur fügen. Oft habe ich mich als Kind durch das innere Abzahlen dieser Serie sowie der Platzierung der deutschen Mannschaften in den Schlaf zu bringen versucht, während ich die Stimmen aus dem Fernseher drüben im Wohnzimmer hörte, und auch viel später noch, in unruhigen Nächten in einem Hotelbett oder im Sitz eines Flugzeugs. Lange vor meiner eigenen Erinnerung an den Fußball setzt dieses profane Mantra ein, sogar vor meiner Geburt, und am Ende verbindet es dreißig Jahre des beinahe lückenlosen Erfolgs: WM-Zweiter 66, WM-Dritter 70, Europameister 72, Weltmeister 74, EM-Zweiter 76, Europameister 80, WM-Zweiter 82 und 86, EM-Halbfinalist 88, Weltmeister 90, EM-Zweiter 92, Europameister 96 – eine kontinuierliche, stabile Erzählung des deutschen Fußballs, aufgerufen zur Stärkung gerade in Zeiten, in denen die Stabilität des eigenen Lebens vielleicht nicht gewährleistet war. Ab 1998 wurde diese Kette bekanntermaßen brüchig, zerriss bei den Europameisterschaften von 2000 und 2004 vollends (wie soll man ein »Aus in der Vorrunde« in die Erzählung integrieren?), und ich frage mich, ob ein heute fünfundzwanzig- oder dreißigjähriger Fußballanhänger in Deutschland die Abfolge der Welt- und Europameisterschaften ebenso zur inneren Orientierung nutzen kann, wie ich es getan habe.

Inmitten dieser Erzählung gab es einen bedeutsamen Moment – jene Schwelle zwischen dem Selbsterlebten und dem nachträglich Gesehenen, die für mich immer mit dem Gesicht Gerd Müllers verbunden sein wird. Denn die auffällige Veränderung, die der Mittelstürmer irgendwann zwischen der WM 1974 und dem Frühsommer 1976 an seinem Äußeren vorgenommen hat, fällt zeitlich genau mit dem Erwachen meines Bewusstseins für den Fußball zusammen. Aus eigener Anschauung, im Europapokal-Finale gegen Saint-Étienne und wenig später bei meinen ersten Besuchen im Münchner Olympiastadion, kenne ich nur den kurzhaarigen und vollbärtigen Müller. Der langhaarige, rasierte dagegen existiert für mich allein als Abbild, als Schütze ikonisch gewordener Tore wie dem Kopfball zum 3:3 im »Jahrhundertspiel« 1970 gegen Italien oder dem 2:1 im Endspiel von 1974, bei dem ich mir auf den Fernsehaufnahmen nie erklären konnte, warum der niederländische Torwart wie festgewachsen in der kurzen Ecke stehen blieb. Der Gerd Müller von damals kommt mir weniger echt vor als der Spieler im roten Trikot mit der Adidas-Werbung, den ich dann im Stadion, von den obersten Rängen der Stehplätze aus, gesehen habe. Wer weiß, warum er sein Aussehen kurz nach dem Weltmeistertitel einer solchen Wandlung unterzog? Vielleicht besteht ein Zusammenhang mit dem berüchtigten Streit um das Sieger-Bankett von 1974 und seinem dramatischen Rücktritt aus der Nationalelf. Der Zäsur im Erscheinungsbild Gerd Müllers jedenfalls, diesem öffentlich bekannten Vorgang, entspricht eine andere, persönliche Zäsur, der Welt völlig gleichgültig, aber für mich selbst von größter Bedeutung. Denn die beiden Gesichter des Stürmers symbolisieren das Jenseits und Diesseits meiner Erinnerungen an den Fußball.

3. Kreuzeck

An der Gestalt der Tornetze konnte ich sofort erkennen, welchen Rang ein Fußballplatz einnahm. Auf den
Sportanlagen der Amateurligen, wie auf dem Hartplatz
und dem abgespielten Trainingsrasen meines Vereins,
den alle nur den »Acker« nannten, waren die Netze so
gut wie nicht gespannt. Aufgehängt an einer gebogenen
Aluminiumstange in den beiden Winkeln der Tore,
fielen sie schlaff hinab und wurden mit kleinen Plastik-
heringen, wie man sie vom Zelten kannte, in der Erde
befestigt. Es bereitete mir nur wenig Vergnügen, im
Training auf diese Tore zu schießen. Natürlich freute ich
mich, wenn mir ein Treffer gelang (und bei einem richtigen Spiel ging es um zu viel, als dass ich auf die Reaktion des Netzes geachtet hätte); dennoch spürte ich immer wieder einen Mangel darin, dass der Ball nach einem
Schuss einfach in den Maschen liegen blieb. Bei den Tornetzen auf gewöhnlichen Fußballplätzen kam es nie zu
jener spektakulären Reaktion, die ich aus den Spielberichten im Fernsehen kannte: dass der Ball nach einem
Treffer meterweit ins Feld zurückkatapultiert wurde.

Wie anders sahen die Tore in den Stadien der Bundesliga ohnehin aus. Die Netze wurden von zwei hohen

Stangen hinter den Pfosten gehalten und fielen deshalb nicht einfach wie ein zu langer Vorhang zu Boden, sondern bildeten ein straff gezogenes Rechteck, eine Art Kasten (das bemühte Reporter-Synonym hatte in diesem Sinn seine Berechtigung). Wenn in der *Sportschau* ein Spieler ein Tor erzielte, egal aus welcher Distanz, mit dem Fuß oder mit dem Kopf, erwartete ich schon immer diesen Effekt: Der Ball prallte mindestens bis zum Fünfmeterraum aus dem Tor heraus, und in manchen Stadien sorgte das bis zum Äußersten gespannte Netz sogar dafür, dass ein Flachschuss nach oben geschleudert wurde, bis unter die Latte, und der Ball von dort aus dem Tor zurücksprang. (Das Müngersdorfer Stadion in Köln und das Ulrich-Haberland-Stadion in Leverkusen waren für diese Eigenheit bekannt.) Wie viel hätte ich dafür gegeben, auch einmal unter solchen Bedingungen ein Tor zu erzielen? Die ganze Unerreichbarkeit des Profifußballs bildete sich in dieser Differenz ab, in diesen eleganten, quaderartigen Netzen, die mit dem schlaffen Gewirr auf unseren Bezirkssportanlagen nichts zu tun hatten.

Die Tornetze der Bundesliga unterschieden sich allerdings von denen in den Stadien anderer Länder. Das fiel mir auf, wenn ich am späten Mittwochabend mit meinem Vater die Zusammenfassung der Europapokalspiele im Fernsehen anschauen durfte (die Partien aller drei Wettbewerbe fanden noch am gleichen Tag statt und wurden nicht live übertragen). Ich ging zu diesen besonderen Anlässen gleich nach dem Abendessen ins

Bett und wurde später, für mein Gefühl mitten in der Nacht, von meiner Mutter geweckt. Ich erinnere mich an die Überwindung, die es kostete, in diesem Moment wieder aufzustehen. Mit leichten Schwindelgefühlen stieg ich die Leiter des Etagenbetts hinab, an meiner schlafenden Schwester vorbei, ging quer über den Flur und betrat das Wohnzimmer gegenüber, das ab einer bestimmten Uhrzeit normalerweise nicht mehr zugänglich für mich war (nur der Lichtstreif der Stehlampe fiel jeden Abend durch die zwei angelehnten Türen hindurch ins Kinderzimmer). Über den Bildschirm flimmerten die Gesichter unbekannter Spieler, in Trikots mit schmalen Längsstreifen, die es in der Bundesliga nicht gab. Mein Vater versorgte mich bei jedem Spielbericht mit den notwendigen Informationen, es fielen Namen wie Inter Mailand, Juventus Turin, Benfica Lissabon und vor allem FC Liverpool, der es ihm besonders angetan hatte, Stürmer wie Kevin Keegan und später Kenny Dalglish, dazu ein riesenhafter Torwart, der den Ball bei Ausschüssen scheinbar ohne Kraftanstrengung bis in den Sechzehnmeterraum des Gegners beförderte. »Pass auf, wie weit er gleich wieder schießt«, sagte mein Vater, wenn der Torwart den Ball ein paar Mal auf den Boden tippte und sich zum Abschlag bereitmachte. (Ich glaube heute, die blutroten Liverpool-Trikots oder die blau-schwarz gestreiften Hemden von Inter Mailand noch deutlich vor mir zu sehen, aber das ist nicht möglich, weil wir uns erst im Jahr 1984 einen Farbfernseher anschafften, vor den Olympischen Spielen in Los Angeles.)

Die späte Uhrzeit verstärkte die Fremdheit der Bilder, und vor allem die Gestalt der Tore in den unbekannten Stadien beeindruckte mich tief. In jedem Land, so wurde mir in diesen Europacup-Nächten klar, sahen die Netze ein wenig anders aus, und ich glaubte irgendwann sogar, einen Bezug zu erkennen zwischen der Art der Aufhängung und der Spielweise der gastgebenden Mannschaft. In den britischen Stadien etwa waren die Tornetze enger und nicht so kastenförmig gespannt wie in Deutschland. Diese Kargheit passte gut zu dem geradlinigen Spiel der Teams. Manchmal, wenn ein Stürmer von Liverpool, Nottingham Forest oder Aston Villa aus naher Entfernung ins Tor schoss, prallte der Ball so unvermittelt wieder heraus, dass ich mir nicht einmal sicher war, ob er überhaupt die Torlinie überschritten hatte – alles in einem Tempo, das der britischen Spielweise vollkommen entsprach. Genau umgekehrt die Verhältnisse im Süden Europas: Wie überraschend war es, in den spanischen, portugiesischen oder griechischen Stadien der späten siebziger Jahre zum ersten Mal die üppigen, baldachinartigen Netze zu erblicken, noch weiter nach hinten gezogen als bei der WM in Argentinien. Zwischen den Pfosten und den Haltestangen dahinter lagen manchmal vier oder fünf Meter, und einmal, mit dem noch verschwommenen Blick des gerade Wachgerüttelten, traute ich meinen Augen nicht, als ich während eines Spiels in Lissabon – oder war es Piräus? – ein Tor zu sehen bekam, dessen Netz tatsächlich bis zu den Leichtathletikbahnen hinter dem Spielfeld reichte. Der Torwart musste nach einem Gegentreffer regelrecht in das Gehäuse hineingehen, um den Ball zu holen. Doch auch in dieser Besonderheit schien sich die nationale Mentalität des Fußballs widerzuspiegeln; die Aufmachung der Tore unterstrich die elegante, aber oft wenig zwingende Spielweise der Mannschaften. Die Netze Südeuropas verhielten sich zu den britischen wie eine ornamentale Ballstafette im Mittelfeld zu einem schnörkellosen Konter.

Entschied die Beschaffenheit der Tore nicht ohnehin zu einem beträchtlichen Teil über die Freude am Fußball? Auf Freibadwiesen oder im Park etwa litten die Spiele, so spannend sie sein mochten, immer unter diesem Makel: Hier gab es überhaupt keine richtigen Tore; die Pfosten mussten mit Schuhen, zusammengeballten Pullovern oder in den Boden gerammten Ästen gebildet werden, eine Höhenbegrenzung fehlte komplett. In manchen Freibädern standen zumindest jene bauchigen Metall-Abfalleimer zur Verfügung, die den Vorteil hatten, dass der Ball nicht über den Pfosten laufen konnte, wodurch Debatten vermieden wurden, ob ein Schuss auch wirklich drin gewesen sei. All diese improvisierten Tore bargen aber dieselbe Enttäuschung: Sie hatten kein Netz, und dieser Fehler machte sich vor allem im Augenblick des Erfolgs bemerkbar. Denn nach einem Treffer rollte der Ball genauso weit über das Spielfeld hinaus wie nach einem Fehlschuss. Er ging nicht ins Tor, sondern nur durchs Tor hindurch, wie eine Münze, die durch einen defekten Getränkeautomaten fällt.

Auf dem Gummi war die Gestalt der Netze über die Jahre hinweg ein bestimmendes Thema. Dass wir diesen Platz den Steinfeldern vorzogen, lag ja vor allem an den beiden Handballtoren, die ein verführerischeres Ziel abgaben als die Eisenkästen oben auf dem Abenteuer. Das ideale Netz musste genau die richtige Mischung aus Elastizität und Spannung aufweisen, und die Handballtore wurden im Lauf der Zeit unser Versuchsobjekt, um diesem Wunschbild möglichst nahe zu kommen. Als wir auf dem Platz zu spielen begannen, standen dort nicht die üblichen Modelle mit den schwarz-silbern gestreiften Aluminiumpfosten, sondern zwei ältere Exemplare, wie ich sie nirgendwo sonst jemals gesehen habe. Die Tore waren aus schmalen, weißlackierten Eisenstangen zusammengesetzt und hatten an der Rückseite eine zusätzliche senkrechte und waagrechte Strebe, die eine Art Kreuz bildeten. Sie wogen ein Vielfaches der neueren Aluminiummodelle (ich spüre noch das unerwartet hohe Gewicht der schmalen Pfosten in den Handflächen, wenn wir die Tore an eine andere Stelle des Platzes trugen), und auch das Grün der Netze kam mir heller vor als gewohnt, ausgeblichen vielleicht nach all den Jahren im Freien.

Die beiden alten Handballtore, vor unserer Entdeckung des Platzes vermutlich lange Zeit kaum beansprucht, waren nun dem täglichen Gebrauch ausgesetzt. Bald bekamen die Netze Risse, an den Pfosten, oben in den Winkeln und auch um die Querstange in der Mitte herum, was daran lag, dass nun auch häufig jüngere Kinder aus dem Fußballverein vor ihrem Training bei den Spielen zusahen und die Stange hinten am Tor als Stehplatz nutzten. Diese Risse und Löcher wurden von uns aber nicht als unvermeidliche Abnutzung hingenommen, sondern eröffneten die Möglichkeit, die grundsätzlich eher schlaff herabfallenden Netze durch eigene Reparaturarbeiten immer straffer zu spannen. Vor allem Harry und der etwas ältere Jonas, die beiden späteren Kfz-Mechaniker, nahmen die Tore in ihre Obhut. Jonas, der auf dem Gummi fast immer ein hellblaues kurzärmliges Adidas-Trikot trug und wie ein jugendlicher Uwe Seeler aussah, baute schon mit vierzehn alte Klappräder vom Sperrmüll zusammen und verkaufte sie für zwanzig oder dreißig Mark an seine Freunde. Alle paar Monate, wenn unsere Torschüsse wieder allzu oft durch die Risse im Netz hindurchrollten, tauchten Jonas und Harry mit ihren imposanten Werkzeugkoffern auf und besserten die schadhaften Stellen mit Kabelbindern und hineingeflickten Ersatzteilen aus dem Baumarkt aus.

Die Tore auf dem Gummi blieben über die Jahre hinweg keine Selbstverständlichkeit, kein dauerhaft gesichertes Gut. Oben auf den Steinplätzen, daran gab es keinen Zweifel, würden die Kästen mit den eisernen Stäben bis in alle Ewigkeit ihren Dienst tun. Die Handballtore dagegen waren zwar schöner, aber auch gefährdeter, und das hatte nicht nur mit ihrer geringeren Robustheit zu tun, die wir mit unseren Reparaturkünsten ausgleichen konnten, sondern vor allem auch mit den unklaren Verhältnissen an diesem Ort. Von Anfang an hatten wir uns auf dem umzäunten Schulsportplatz ohne offizielle Erlaubnis bewegt, ermutigt durch eine Art Gewohnheitsrecht, doch es blieb immer ein Rest an Unwägbarkeit; jederzeit konnte es geschehen, dass uns ein neuer Hausmeister des Gymnasiums oder ein Platzwart, der sein Amt ernster nahm, von einem Tag auf den anderen vertreiben und den Platz konsequent sperren würde.

Diese Probleme tauchten zum Glück erst viel später auf, aber wir bekamen unseren illegitimen Status bald auf andere Weise zu spüren. An einem Morgen zu Beginn der Oster- oder Pfingstferien fuhren Harry und ich auf unseren Klapprädern aus Jonas' Werkstatt zum Gummi. Durch ein kleines Nebentor Richtung Hockeyclub, das wir inzwischen geknackt hatten und als Eingang benutzten, kamen wir auf den Platz, lehnten die Räder an den Zaun, und ich griff nach meinem Ball in der u-förmigen Mulde des Lenkers (Gepäckträger hatten Jonas' Fahrräder nie). Ich schoss den weißen *Derby Star* auf den noch feuchten, glänzenden Tartan – und traute meinen Augen nicht: Die Tore waren verschwunden! Im ersten Moment dachte ich, die Morgensonne würde mich blenden, doch es stimmte. Ich sah hinüber zu Harry, der genauso fassungslos auf den leeren Platz starrte. Nach all den Reparaturarbeiten hatte er vielleicht ein noch innigeres Verhältnis zu den Toren als ich. Wie unter Schock gingen wir auf dem vom Morgentau noch weinroten Spielfeld umher, inspizierten die beiden leeren Stellen an den Auslinien, an denen die Tore gestanden hatten, so als würden uns irgendwelche Spuren Aufschluss über das Geschehene geben können. Waren wir nicht vierzehn oder sechzehn Stunden zuvor noch auf dem Gummi gewesen, hatten bis zum Abend auf die weißen Handballtore gespielt? Irgendwann in der Nacht oder am frühen Morgen mussten sie abgeholt worden sein. Aber von wem? Und warum? Zum ersten Mal hatte sich die unsichtbare Instanz, die für den Ort verantwortlich war, bemerkbar gemacht. In aller Gnadenlosigkeit wurde uns gezeigt, dass wir unsere Tage nicht auf einem öffentlichen Spielplatz verbrachten, der von jedem Menschen zu jeder Tageszeit betreten werden konnte, sondern auf einem Privatgelände. Vielleicht war dieser Aktion am ersten Ferientag eine lange Debatte der zuständigen Stellen im Gymnasium vorausgegangen, wie mit dem überflüssigen, von den Sportlehrern kaum genutzten Platz zu verfahren sei? Vielleicht war sie sogar als konkrete Sanktion gegen unsere Gruppe gedacht, die der Schulleitung längst aufgefallen war?

Mit dem Verschwinden der weißen Handballtore begann eine Phase, in der die Torfrage auf dem Gummi dauerhaft kritisch war. Ein paar Wochen lang verwendeten wir zwei Biertische, die wir hinter dem Kiosk des Fußballvereins entdeckt hatten und die Harry und Jonas mit Holzlatten und ausrangierten Netzen in brauchbare Tore verwandelten. Der Fußball veränderte sich dadurch komplett, weil wir jetzt ohne Torwart spielten, und kleinteilige Kombinationen die einzige Möglichkeit waren, überhaupt einen Treffer zu erzielen. Doch gerade als uns das Spielen ohne richtige Tore zu ermüden begann, als wir sogar darüber nachdachten, auf die Steinplätze zurückzukehren (was uns wie eine Niederlage erschienen wäre), standen eines Tages plötzlich zwei nagelneue Handballtore aus Aluminium auf dem Gummi. Der Abtransport der alten Modelle war also doch keine Disziplinarmaßnahme gewesen, sondern nur der Anfang einer Renovierung. Auch die kaputten Stellen im Zaun Richtung Abenteuer waren über Nacht ausgebessert worden. Es begann eine euphorische Zeit: Jede freie Minute verbrachte ich auf dem Gummi; ich bemühte mich anfangs sogar, nach dem Mittagessen früher als alle anderen auf den Platz zu kommen, um eine Viertelstunde allein auf die Tore zu schießen, die Reaktionen des Netzes zu beobachten, den Ball genau in den Winkel zu zirkeln, von wo aus er am schönsten zurücksprang. Doch auch dieses Glück hielt nur kurz, allenfalls ein paar Monate. Denn an einem der ersten Wintertage (wir wollten den Platz gerade mit großen Schaufeln vom Neuschnee befreien) waren die Handballtore erneut verschwunden und mit ihnen auch die beiden Biertische, die wir manchmal noch als Netzersatz beim Fußball-Tennis benutzt hatten. An diesem Nachmittag – vielleicht wegen der kalten Jahreszeit, vielleicht wegen der unerwarteten Wiederholung – löste der Vorfall tatsächlich Resignation bei uns aus. Wir räumten noch den restlichen Schnee vom Tartan, und in Ermangelung aller Alternativen erklärten wir schließlich die beiden Stangen der Basketballkörbe an den Rändern des Feldes zum Tor. Es wurde ein trostloses Spiel, das wir bald abbrachen.

Kurz nach diesem zweiten Schlag, vielleicht sogar schon am Tag darauf, machte ich auf dem Gelände meiner Schule allerdings eine sensationelle Entdeckung. Ich war gerade auf dem Weg vom Hauptgebäude zum Sportunterricht, als ich sie zwischen den beiden Turnhallen stehen sah: unsere Handballtore, in einer Ecke zusammengeschoben. Sie mussten vom Gummi direkt hierher transportiert worden sein. Als ich den anderen am Nachmittag von meinem Fund erzählte, war sofort klar, dass wir uns die Tore wiederholen würden! An einem der nächsten Abende trafen wir uns zu acht im Dunkeln, vier Mann pro Tor, ausgerüstet mit dicken Handschuhen. Die direkte Entfernung zwischen den Turnhallen und dem Gummi hätte nur ein paar hundert Meter betragen, am Stadion und am Hartplatz des Vereins entlang, aber zwischen Gymnasium und Fußballclub gab es einen Zaun, über den wir die Tore nicht heben konnten. Also mussten wir einen beträchtlichen Umweg in Kauf nehmen, durch das gesamte Schulgelände hindurch, bis zur Straße, in der das Eingangstor zum Hockeyclub lag.

Wir waren lange unterwegs an diesem Winterabend. Immer wieder stellten wir die Tore ab und machten eine Pause, weil einen von uns die Kraft verließ. Etliche Passanten müssen diese seltsame Prozession auf dem Straßenabschnitt zwischen Schule und Hockeyclub beobachtet haben. Doch wir schafften es ohne Zwischenfälle, die Tore standen wieder auf dem Gummi, und das Erstaunlichste war, dass die Schule in den Tagen und Wochen danach keine Reaktion zeigte. Einem der Hausmeister oder Sportlehrer musste doch aufgefallen sein, dass sich die beiden Handballtore nicht mehr zwischen den Turnhallen befanden; ein Blick auf den Schulsportplatz hätte die Gewissheit gebracht, dass sie auf wundersame Weise wieder genau dort gelandet waren, wo man sie nur wenige Tage zuvor abgeholt hatte. Aber es kam zu keiner für uns spürbaren Ermittlung, zu keiner Inspektion des Platzes, und wir spielten auf dem Gummi weiter, als sei nichts geschehen.

Nur einem der Entführer ließ die nächtliche Gegenaktion keine Ruhe. Huber, trotz seiner imposanten Größe der Furchtsamste von uns, lief am Nachmittag darauf nicht wie alle anderen triumphierend über den Gummi, um einen der Bälle auf die zurückgewonnene Beute zu dreschen. Erst nach einer Weile tauchte er hinter dem Zaun Richtung Steinplätze auf und schien uns etwas mitteilen zu wollen. Als wir auf ihn zugingen und ihn fragten, wo er denn bleibe, sagte Huber, dass er erst einmal nicht mehr mitspielen würde. Und dann erzählte er, dass er am Abend zuvor seinen Tennisschläger an den Turnhallen vergessen hätte und seine Täterschaft jetzt garantiert auffliegen würde. »Da sind sicher meine Fingerabdrücke drauf«, sagte er, »und wenn die Polizei kommt, bin ich der Einzige, den sie drankriegen.« Huber meinte es ernst, gab seinen nagelneuen Tennisschläger verloren und blieb unserem konspirativen Treffpunkt wirklich ein paar Tage fern, bevor er zusammen mit Michael, der im gleichen Häuserblock wohnte, zurückkehrte und wieder zu einem zentralen Bestandteil der Mannschaft wurde.

4. Südliche Lindwurmstraße, Sendlinger Kirche, Harras

Mein Zentrum der Welt: ein Karree aus Sportplätzen, eingebettet in ein Stadtviertel und in die umliegende Großstadt, die für mich keine Geschichte hatten, keine Bedeutung. Die Orte der Kindheit waren einfach da, gegenwärtig und neutral. Umschlossen wurde dieses Karree im Süden von der Ringstraße, im Westen von den Hügeln des Parks, im Norden von meinem späteren Gymnasium und im Osten von der Straße, an der die Eingangstore zum Fußball- und Hockeyclub lagen. Wobei schon die Ordnung der Himmelsrichtungen, die ich jetzt zum ersten Mal auf einem Stadtplan überprüfe, die ganze Kluft zwischen dem Erlebten und dem nachträglich Erfahrenen sichtbar macht. Denn meine eigene Orientierung folgte damals einem ganz anderen Bild: Die Basis war jene schmale Straße, die auf der Karte zwar östlich und senkrecht verläuft, in meiner Vorstellung aber eine Grundlinie markierte, einen inneren Süden, von dem aus ich die hügeligen Wege rund um den Park erkundete.

In den Jahren auf dem Steinplatz und später auf dem Gummi verschwendeten wir keinen Gedanken daran, wie lange es dieses Areal schon gab. Auf dem Weg zum Abenteuer kamen wir zwar an den Tafeln mit der Aufschrift »Erbaut 1974« vorbei, und ich erinnere mich, dass ich mit meinen Eltern sogar an der feierlichen Eröffnung des weitläufigen Spielplatzes teilnahm (an den Schaukeln und Klettergerüsten hingen bunte Bänder und Luftballons). Aber die erstaunlich junge Geschichte der gesamten Anlage war mir unbekannt. Erst gegen Ende der Schulzeit hörte ich davon, dass der Hauptteil des Parks, zu dem eine Brücke über die Ringstraße hinüberführte, nach dem Zweiten Weltkrieg als Schuttberg entstanden war. Der »Neuhofener Berg«, so sein offizieller Name, diente neben dem »Oberwiesenfeld« im Norden, auf dem das Gelände der Olympischen Spiele von 1972 errichtet wurde, als zweiter großer Ablageplatz für den Bauschutt der zerstörten Stadt. Schon kurz nach dem Ende des Krieges muss sich ein Kleinbahnnetz von etwa fünfzig Kilometern Länge durch München gezogen haben, und eine der Strecken führte von der Innenstadt nach Neuhofen. »Täglich«, so eine Chronik vom Sommer 1945, »fahren 14 Dampfzüge mit Kipploren aus, die von Greifbaggern mit Bombenschutt beladen werden. Nach Neuhofen kommt der Schutt aus dem Marienplatz-, Rindermarkt- und Färbergraben-Gebiet«.

Auf dem Steinplatz waren wir also umgeben von Trümmern, ohne es zu wissen. Der Boden unter meinen Füßen hatte keine Vergangenheit, obwohl der Krieg auch die Biografie meiner Eltern erschüttert hatte (der Vater, der als Fünfjähriger mit seiner Familie von Böhmen nach Franken floh und dann in Wien landete; die gleich alte Mutter, die als Kriegswaise in Wien zu Pflegeeltern in die Schweiz gebracht wurde). Die schärfste Zäsur der Stadtgeschichte zeichnete sich nicht ab im Bewusstsein des Kindes, das ein Vierteljahrhundert später in München zur Welt gekommen war. Meine Heimat wies keine Brüche auf; in meiner Vorstellung war hier alles immer so gewesen, auch wenn ich den Lebensweg der Eltern natürlich kannte und im Gedächtnis hatte, dass sie erst ein paar Jahre vor meiner Geburt von Wien nach München gekommen waren. (Ist diese Geschichtsvergessenheit ein Kennzeichen von Menschen, die in den siebziger Jahren in der Bundesrepublik aufwuchsen, als Nachkommen einer Generation, die Krieg und Flucht im Kindesalter erlebt hatte? Wie in den meisten anderen Familien wurde auch bei uns nicht über diese Zeit gesprochen; der liebevollen Art der Eltern war allerdings immer wieder anzumerken, dass ihr Bemühen, meiner Schwester und mir ein behütetes Leben zu ermöglichen, von den Entbehrungen und Rissen ihrer eigenen Kinderjahre geprägt war. Ein regelmäßig wiederholter Satz des Vaters hallt in der Erinnerung nach: »Ihr sollt es besser haben als wir in eurem Alter.«)

Ebenso wenig wie den Bruch des Krieges nahm ich im Stadtbild jene zweite große Transformation wahr, die aus dem München vor den Olympischen Spielen eine weltläufige Metropole machen sollte, mit einem Netz aus U- und S-Bahnen und einer mehrspurigen Ringstraße rund um das Zentrum. Diese Eingriffe verwandelten die Hauptachsen (von der Lindwurmstraße über die Sonnenstraße in die Ludwigs- und Leopoldstraße) jahrelang in umzäunte Gruben, an denen sich der Fußgänger- und Autoverkehr, wie ich in alten Fernsehbeiträgen sah, mühevoll entlangschlängeln musste. Eine zweite Aushöhlung der Stadt, nun aber selbstgewählt und produktiv, nicht im Zeichen der Zerstörung, sondern der Modernität. Nur zwei oder drei Jahre bevor ich zum ersten Mal in eines der Eisentore auf dem Abenteuer schoss, wurde diese massive Umgestaltung beendet, aber auch in meinen frühesten Erinnerungen ist München eine fertige Stadt, eine Tatsache, eine Oberfläche ohne Male und Narben. Die einzige Veränderung, die ich auf Autofahrten mit meiner Mutter in ein nördliches Viertel registrierte, wenn sie eine Schreibarbeit bei ihrer Firma abgeben musste, war der Umstand, dass die Straßen und Gebäude am Ende der Leopoldstraße plötzlich neuer und luftiger wirkten. Jenseits der Münchner Freiheit, die mir wie eine Schwelle vorkam, endete die Abfolge der alten Wohnhäuser und engen Kreuzungen; nun wurde die Stadt offen und breit, und auf den Ausfallstraßen gab es keine Restaurants, Cafés oder Läden mehr, sondern nur noch Autohändler und silbergraue Bürokomplexe. Auf der Rückfahrt nahm meine Mutter oft einen anderen Weg, über den Mittleren Ring zur Donnersbergerbrücke, und jedes Mal, wenn auf der linken Seite das Olympiagelände auftauchte, bewunderte ich das Ensemble der Bauten, das trotz seiner imposanten Größe etwas Beruhigendes und Elegantes ausstrahlte: das Stadion und die Halle mit dem fließenden Dach, der schlanke Turm dahinter. Das Gelände wirkte wie aus einem Guss, als wäre es von magischer Hand dort hingezaubert worden, und ich habe noch meine Verstörung viele Jahre später vor Augen, als in einem Münchner Spielfilm von 1967 plötzlich der Olympiaturm auf dem leeren Oberwiesenfeld ins Bild rückte, umgeben von Brachland und grünen Hügeln. Im ersten Moment kam mir dieser Anblick unwirklich vor, so als wären die restlichen Elemente aus der Szene herausretuschiert worden. (Irgendwann las ich dann, dass der Bau des Fernsehturms schon fast beendet war, als München 1966 den Zuschlag für die Olympischen Spiele erhielt; der mir geläufige Begriff »Olympiaturm« vollzog nur eine nachträgliche Eingliederung.)

Und so wie mein Heimatviertel frei von Geschichte war, fehlte ihm lange auch jeder Ruf, jede Reputation. Das München der Straßenzüge rund um den Gummi stand für nichts. Als mir das öffentliche Bild der Stadt im Lauf der Schulzeit bewusst wurde, brachte ich es mit den Eindrücken aus meiner Umgebung nicht zusammen. Der Glamour zwischen Maximilianstraße und Schwabing, die »Schickeria« und »Bussi-Bussi-Gesellschaft«, von denen ich in der *Abendzeitung* las, auf dem Boden des Flurs, weil mir das Umblättern ohne Unterlage schwerfiel, hatten wenig zu tun mit den Wohnblöcken und der Bevölkerung unseres Viertels. Später habe ich oft daran gedacht, dass in den Jahren, in denen ich mit meinen Eltern Abend für Abend vor dem Fernseher saß, dass in den hunderten Folgen von Krimi- und Familienserien aus München, die ich in den späten Siebzigern und frühen Achtzigern angeschaut haben muss, kein einziges Mal unsere Gegend ins Bild kam. Weder *Derrick* noch *Der Alte*, weder die Beamten der *Polizeiinspektion 1* noch die Münchner *Tatort*-Kommissare tauchten bei ihren Ermittlungen jemals in einer der Straßen auf, denen ich mich täglich bewegte. Mein Viertel: ein blinder Fleck in der öffentlichen Wahrnehmung der Stadt.

Was war München? Welche seiner Teile verkörperten diesen Ort? Schwabing und die Leopoldstraße trugen gleich mehrere Bedeutungsschichten bei, die Künstlerboheme Anfang des zwanzigsten Jahrhunderts, die Studentenproteste der sechziger, die Disco-Bewegung um Giorgio Moroder und Donna Summer Mitte der siebziger Jahre. Dann das Glockenbachviertel mit seinen Schwulen-Bars, die durch Rainer Werner Fassbinder und Freddie Mercury Berühmtheit erlangten. Schließlich der Reichtum rund um die Maximilianstraße und den Bayerischen Hof, der spätestens seit der Serie *Kir Royal* von 1986 sprichwörtlich wurde für die Beschreibung Münchens. Unser Viertel fügte diesem Bestand nichts hinzu. Es war zu bieder und unauffällig, um die Stadt zu repräsentieren (anstatt der flirrenden Cafés in Schwabing und der Bars rund um den Gärtnerplatz gab es hier nur ein paar Gaststätten mit gelblichen Gardinen und Stehausschänke für die Trinker), aber gleichzeitig auch nicht schäbig genug, um als »Problemviertel« über die Stadtgrenzen hinaus von sich reden zu machen, wie das Hasenbergl oder Neuperlach Süd.

Die nach den Schauplätzen und Kämpfern des Sendlinger Bauernaufstands benannten Straßen waren ein neutraler Zwischenraum, und deshalb kamen sie im Fernsehen nicht vor. Nur eine einzige Ausnahme aus dieser Zeit ist mir bekannt, die aber nicht von Bildern bezeugt wurde, sondern lediglich von ein paar Sätzen, dem berühmt gewordenen Dialog zwischen Franz Münchinger und Manni Kopfeck am Anfang der Serie *Monaco Franze*. Die beiden Polizisten schauen in ihrem Büro auf den riesigen Stadtplan Münchens und überlegen sich, woher die Frau stammen könnte, die Franz am Abend zuvor am Rand der Fußgängerzone angesprochen hat. Die beiden sind sich einig, dass sie weder aus den großbürgerlichen Vierteln Münchens noch aus einem Vorort stammen kann, sondern eher »wie Innenstadt Randbezirk« aussah. Sie gehen einige Optionen durch, Laim, Waldfriedhof, Haidhausen, das Franz zunächst favorisiert, bevor ihn sein Kollege daran erinnert, dass das inzwischen ein »In-Viertel« sei. »Na, da hast' recht«, sagt Franz, »da wohnt die nicht. Für mich wohnt die eher so, wo's out ist.« Und bei der Überlegung, welcher der Randbezirke des Münchner Zentrums besonders unspektakulär und grau sei, landen die beiden schnell bei unserem Viertel: »Südliche Lindwurmstraße, Sendlinger Kirche, Harras«, sagt Franz triumphierend. »Genau, da ist die her.«

Als die Auftaktfolge von Helmut Dietls *Monaco Franze* zum ersten Mal im Fernsehen lief, am Mittwoch, dem 2. März 1983, im Vorabendprogramm der ARD, hatte ich gerade Training. München leuchtete auch in Untersendling, wenngleich nur im schwachen Schein der Flutlichtmasten unseres Hartplatzes. Ich wusste nichts darüber, ob mein Viertel »in« oder »out« sei, aber ich war inzwischen weit genug in der Stadt herumgekommen, um erste Differenzen zu erkennen. Mein Gitarrenlehrer etwa wohnte in einem großzügigen Altbau, zwanzig Minuten mit der Trambahn entfernt, und der Unterschied zu den Nachkriegs-Wohnanlagen meines Viertels machte sich bereits an der Tafel mit den Klingelschildern bemerkbar, die mir seltsam ungeordnet und provisorisch erschien. Die Namen der Bewohner standen in verschiedenen Farben und Schrifttypen auf den Schildern, oft war ein zweiter oder sogar dritter handschriftlich ergänzt; nichts erinnerte an die Klingeltafeln meines Viertels, die einer feinsäuberlichen, nahezu unabänderlichen Ordnung gehorchten. (Noch heute, wenn ich die alten Straßen entlanggehe, überfliege ich vor den Häusern der ehemaligen Mitspieler manchmal die Klingelschilder, mit den weißen, von einem schwarzen Ring eingefassten Knöpfen, die ich in keiner anderen Stadt je gesehen habe. Und tatsächlich stehen auch vierzig Jahre später häufig dieselben Namen darauf, »Kochl«, »Schaller«, »Schlatterer«, ein Zeichen des radiusarmen, kontinuierlichen Lebens.)

Die Entdeckung der Stadt, der Vorstoß in neue Bezirke, ging in den ersten Jahren vor allem vom Fußball aus. Bei den Auswärtsspielen mit dem Verein lernte ich jedes zweite Wochenende die Aufteilung Münchens mit all ihren Eigenheiten kennen, zum Beispiel dass Laim und Berg am Laim an entgegengesetzten Enden der Stadt lagen, genauso wie Fasangarten und Fasanerie. Die frühesten Expeditionen hingen aber mit den Bundesligaspielen des FC Bayern im Olympiastadion zusammen, die ich ein paar Mal im Jahr mit meinem Vater besuchte. (Der große und der kleine Fußball meiner Kindheit, das fällt mir heute auf, spielten sich auf den beiden Kriegsschuttbergen im Süden und Norden Münchens ab.) Wie weit entfernt das Stadion lag, bemerkte ich daran, dass wir mit der U-Bahn durch die gesamte Stadt fahren mussten, bis zur Endstation namens Olympiazentrum. Den Weg bis zum Knotenpunkt Münchner Freiheit kannte ich gut, weil mein Großvater mit mir häufig zu einer bestimmten Imbissbude in der Leopoldstraße fuhr. Dass dieser Teil der Strecke eine Einheit bildete, war für mich schon an der Gestaltung der Bahnhöfe erkennbar. Jede der acht Stationen bis zur Münchner Freiheit war durch eine einprägsame Farbe der Säulen und Decken gekennzeichnet. Das blasse Gelb der Poccistraße, das wie eine noch nicht ganz ausgeprägte Vorform wirkte, am Anfang der Farbskala wie am Anfang der Strecke. Das Dunkelgrün des Goetheplatzes, dessen Melancholie bereits die Atmosphäre oben vorwegnahm, rund um die Bauten des alten Klinikviertels. Das Hellblau des Sendlinger Tors, eine Aufmunterung zwischendurch. Das leuchtende Gelb-Orange des Marienplatzes, das etwas Majestätisches ausstrahlte und seinem Status als Königin unter den Haltestellen im Zentrum der Stadt gemäß war. Das gediegene Weinrot des Odeonsplatzes, Ort der Opern und Theater. Das schmutzige, wenig einladende Gelb der Universität, eine reine Übergangsstation (später stieg ich gerade dort viele Jahre lang fast jeden Tag aus). Das Orange der Giselastraße, das bei der Einweihung der U-Bahn 1971 so zeitgemäß wirken sollte wie die Boutiquen und Discos darüber. Schließlich das kühle Dunkelblau der Münchner Freiheit, säulenlos wie die farblose Implerstraße, an der wir eingestiegen waren (auch unser Bahnhof bestätigte das Verdikt des Monaco Franze), dafür aber, als Kennzeichen des viel benutzten Knotenpunktes, mit zusätzlichen Bahnsteigen versehen.

Weiter als bis zur Münchner Freiheit war ich vor unserem ersten Besuch im Olympiastadion (bei einem Spiel der missratenen Saison 1976/77?) nie gekommen. Danach gabelte sich die Strecke. Der gemeinsame Weg von U6 und U3 teilte sich auf; die eine Linie fuhr weiter nach Kieferngarten, die andere zum Olympiazentrum, und von nun an waren die Stationen Niemandsland für mich, Namen mit merkwürdig hohlem Klang: Bonner Platz, Scheidplatz, Petuelring (»Pe-tu-el« ausgesprochen, instinktives Wissen eines in München aufgewachsenen Kindes, so selbstverständlich wie die für Auswärtige überraschende Betonung von »Odeonsplatz« auf der zweiten Silbe). Das Randständige und Passagenhafte dieser Haltestellen wurde auch von ihrem Aussehen betont, denn sie waren nicht mehr in charakteristischen Farben gestaltet, sondern in einem unspezifischen Grau an den Wänden und Decken, so als hätten die

Erbauer der U-Bahn am Ende die Inspiration verloren. Im Norden Münchens, das wusste ich schon von den Autofahrten mit der Mutter, verlor die Stadt an Heimeligkeit. Am Olympiazentrum stiegen wir aus, reihten uns in die Menschenschlangen Richtung Stadion ein, und auf der Rückfahrt im überfüllten Waggon folgten wir immer dem Rat meines Vaters, ab der Münchner Freiheit die leere U6 zu nehmen, die aus Kieferngarten kam und zwischen den ersten Stationen sogar oberhalb der Erde verkehrte. Wenn der Zug an regnerischen Samstagabenden in den Bahnhof einfuhr, sah man oft Wassertropfen an den Scheiben. Jahrelang erstaunte mich jedes Mal aufs Neue, wie eine U-Bahn in den Regen geraten kann.

5. Familientore

Wenn auf dem Gummi noch nicht genügend Leute beisammen waren, gab es ein paar Spiele, für die man keine richtigen Mannschaften brauchte. Sie hießen »Ball aus der Luft«, »Eiern« oder »Familientore« und gehörten zum festen Repertoire, auch wenn keiner von uns wusste, wer ihre Namen und Regeln aufgebracht hatte. »Familientore« und »Eiern« konnte man schon zu zweit spielen. Bei dem einen trugen wir die Handballtore unter die Basketballkörbe an der Seitenauslinie. Wir spielten dann eins gegen eins quer über den Platz, und jeder war gleichzeitig Torwart und Spieler, wobei man mit dem Ball nicht über eine gedachte Mittellinie laufen durfte, die von einem zusammengeknüllten Kleidungsstück oder von einer der vielen überflüssigen Markierungen auf dem Feld bestimmt wurde. Der Reiz des Spiels bestand darin, dass der Schütze sich meistens bis zu dieser Grenze vorwagte, um dem gegnerischen Tor so nahe wie möglich zu kommen; nach einem abgewehrten Ball stand sein Tor daher leer, und der Schütze konnte durch einen schnellen Lupfer überwunden werden.

Der Name, den wir damals hinnahmen wie eine Naturgegebenheit, ist mir heute ein Rätsel: Warum »Familientore«, wo doch einfach zwei Einzelspieler gegeneinander antraten? Diente die Bezeichnung vielleicht einmal für ein anderes Spiel, mit größeren Mannschaften, und wurde dann mit den Jahren variiert und abgewandelt, immer unter Beibehaltung des ursprünglichen Namens? Michael erzählte später einmal, dass es vor seiner Zeit auf dem Gummi, auf einer Wiese hinter seinem Wohnhaus oberhalb des Parks, schon ein Spiel namens »Familientore« gegeben hätte, das diese Bezeichnung eher verdiente. Zwei Teams aus je fünf oder sechs Nachbarskindern standen sich dort in sehr breiten Toren gegenüber und versuchten, von der Grundlinie aus einen Treffer zu erzielen, auch hier war jeder Schütze und Torhüter zugleich. War das Wort »Familientore« also im Lauf der Jahre, lange vor uns, von einer Spielstätte auf die andere übertragen worden? Und hatte sich seine Bedeutung auf dieser Wanderung durchs Viertel, von der etwas höher gelegenen Wohnsiedlung Michaels hinunter zum Gummi, langsam verschoben?

Etwas passender war der Name »Eiern« für ein Spiel, das ebenfalls zum Einsatz kam, wenn an einem frühen Sonntagmorgen erst zwei, drei Leute auf dem Platz waren. Jeder Mitspieler hatte fünf Punkte – fünf »Leben«, wie unsere unbeschwerte Reinkarnationslehre besagte –, und es ging einfach darum, den Ball abwechselnd ins leere Tor zu schießen. Wer das Ziel verfehlte, bekam ein Leben abgezogen; Pfosten- und Lattenschüsse waren zulässig. Der Spaß am »Eiern« hing ganz von der Beschaffenheit des Netzes ab. Man durfte den

Ball nur ein Mal berühren, und je schärfer oder schräger er aus dem Tor heraussprang, desto schwieriger wurde es für den nachfolgenden Spieler, der den Ball entweder mit einigem Risiko direkt nehmen oder warten musste, bis er irgendwo weit vom Tor entfernt zum Stillstand kam. Ein lasches Netz hätte dieses Spiel uninteressant gemacht, doch dank unserer ständigen Reparaturen und Verfeinerungen waren die Handballtore auf dem Gummi straff gespannt. Noch besser funktionierte »Eiern« auf dem Steinplatz mit den Eisenstangen-Toren, bei denen der Ball nach fast jedem Schuss in völlig unberechenbarem Winkel zurückprallte. Manchmal schlüpften wir deshalb vor dem Eintreffen der restlichen Spieler durch das Loch im Zaun und gingen nach oben, auf den längst stiefmütterlich behandelten Platz, der zum »Eiern« aber noch einmal kurzzeitig an Attraktivität gewann.

»Familientore« und »Eiern« spielte man allenfalls zu viert, und für ein richtiges Match mussten mindestens acht Leute auf dem Platz stehen. Als Zwischenform gab es noch ein Spiel für fünf oder sechs, das bei uns die Namen »Danteln« oder »Ball aus der Luft« trug, wobei »Danteln« auch die Bezeichnung für das bloße Hochhalten des Balles war, für das, was heute »Jonglieren« heißt – ein Wort, das wir damals nie benutzten, weil es uns wie ein Fachbegriff von Trainern und Sportlehrern vorkam. Auch »Ball aus der Luft« wurde auf ein Tor gespielt. Zwischen der letzten Vorlage und dem Schuss, das war die zentrale Regel, durfte der Ball nicht den Boden berühren. Jeder Mitspieler hatte fünf oder zehn

Leben, und als Begrenzung des Feldes diente je nach Spielerzahl die Siebenmeter- oder die durchbrochene Neunmeterlinie der Handballmarkierungen. (»Bis zur Gestrichelten!«, höre ich noch jemanden zu Beginn rufen.) Nach einem regulären Treffer hatte der Torwart ein Leben weniger; ging ein Ball daneben, musste der Fehlschütze ins Tor.

In den Grundzügen ist dieses Spiel vermutlich überall bekannt, wo ein paar Fußballer zusammenkommen und auf ihre Mitstreiter warten. Das genaue Regelwerk und seine Bezeichnungen aber variieren von Ort zu Ort. Manchmal kam es vor, dass mich ein Freund aus dem Fußballverein, der etwas abseits wohnte, zu seinem bevorzugten Tartan- oder Steinplatz mitnahm oder unser Gummi-Team ein Spiel bei einer Mannschaft aus der Nachbarschaft austrug. Bei solchen Gelegenheiten, wenn zum Warmmachen ein bisschen vor dem Tor »gedantelt« wurde (seltsames Wort, wovon leitete es sich ab, vom hochdeutschen »tändeln«?), fielen die Abweichungen sofort ins Auge. Auf dem heruntergekommenen Spielplatz im Schlachthofviertel, höchstens zwei Kilometer von uns entfernt, herrschten schon ganz andere Regeln und Worte, genauso wie auf dem Steinfeld unterhalb des Grünwalder Stadions, an der Schwelle von Unter- zu Obergiesing, und erst recht im weit entfernten Münchner Norden, auf einer Schulsportanlage am Olympiazentrum, wohin uns zwei Stürmer meiner C-Jugend-Mannschaft eines Tages einluden. Vor allem für die Sonderbehandlung eines Spielers, der mit nur noch einem Leben im Tor stand, schien es endlose Verzweigungen zu geben. Auf dem Gummi wurde diese Konstellation eher schlicht gehandhabt: Nach dem letzten Treffer, wenn der Torwart auf null Punkte fiel, gab es noch ein »Gnadenbrot« in Form eines Strafstoßes, vom Schützen des Tores getreten. Hielt der Torwart den Schuss, hatte er wieder einen Punkt; ging der Elfer hinein, war er unwiderruflich ausgeschieden. Auf den anderen Plätzen lernte ich nun eine Vielzahl von Ergänzungen und Modifikationen kennen, zum Beispiel die Eigenart, dass sich der Torwart aussuchen durfte, mit welchem Teil des Körpers der letzte Treffer erzielt werden musste, mit dem linken oder rechten Fuß, dem Kopf oder der Hacke. Diese Maßnahme zog das Spiel natürlich in die Länge, und oft war noch kein einziger Spieler ausgeschieden, wenn die Mannschaften vollzählig waren und das richtige Match begann.

Es müsste eine deutschlandweite Karte geben, nach Art der Sprachatlanten, auf der das Vokabular sämtlicher Fußballplätze eingezeichnet wäre. Jeder dieser Orte, jeder Schulsportpark, Steinplatz, Tartanplatz, »Käfig«, ist ein Kosmos für sich, mit einem eigenen Jargon, und es wäre aufschlussreich zu erfahren, wo genau die lokalen und regionalen Schwellen bestimmter Ausdrücke liegen. Wie weit sind etwa die Bezeichnungen »Familientore« oder »Eiern« innerhalb Münchens oder sogar Bayerns verbreitet? Ich habe diese Namen immer nur auf dem Gummi gehört; schon auf Plätzen in anderen Stadtteilen kassierte ich verständnislose Blicke, wenn ich vorschlug, eine Partie »Familientore« zu spielen. War dieses Wort vielleicht tatsächlich rund um unsere Sportanlage erfunden worden? Aber wann? Und von wem? So wie die Sprachforscher detaillierte regionale Grenzlinien für den Gebrauch von »Samstag« und »Sonnabend«, »Blaukraut«, »Rotkraut« und »Rotkohl« oder »Viertel nach sechs« und »viertel sieben« ermittelt haben, ließen sich diese Übergänge auch für die dialektbestimmte Sprache des Fußballs feststellen. Wie groß ist die Reichweite des bairischen Wortes »Danteln« für das Hochhalten des Balles? Wo genau geht diese Bezeichnung im Süden in das österreichische »Gaberln« über und im Norden in »Tängeln«? Gibt es präzise Grenzen für den Gebrauch von »Spitz« und »Pieke«, von »bolzen«, »schrummen« und »pöhlen«, von »Kreuzeck« und »Knick«?

Diese Fragen ließen sich für die festen, gewissermaßen amtlichen Elemente regionaler Fußballsprache vielleicht klären. Unmöglich wäre ein solches Unterfangen aber bei den selbsterfundenen Spielen, die sich nicht nur von Region zu Region, von Stadt zu Stadt, sondern sogar von Platz zu Platz unterscheiden konnten. Diese Ausdrücke bildeten einen flüchtigen Jargon, eine Art Mikrolekt, der nur von zwei, drei Dutzend Sprechern ein paar Jahre lang aktiv beherrscht wurde – unerfasstes, vom Aussterben bedrohtes Wissen. Ich habe den Begriff »Familientore« bei Google eingegeben, am 10. September 2020, und es wurden 267 Treffer angezeigt. Bei den weitaus meisten Übereinstimmungen handelte es sich allerdings um Seiten, die zufällig die beiden Wörter »Familien« und »Tore« direkt hintereinander enthielten, oft durch ein Komma getrennt, und von etwas ganz anderem handelten. Das zuoberst angezeigte Ergebnis der Suche ging auf einen doppelten Lesefehler von Google Books zurück. In dem Werk *Die Grundsteuerverfassung in den deutschen und italienischen Provinzen der österreichischen Monarchie* von Joseph Linden aus dem Jahr 1840 war laut Google an der angegebenen Stelle von einer »Familien*tare*« statt von »Familien*tore*« die Rede, womit aber, wie ein Blick in den Frakturtext des Originals verriet, in Wahrheit die »Familien*taxe*« gemeint war. Nach Durchsicht aller Ergebnisse blieben nur drei Seiten übrig, die »Familientore« im Zusammenhang mit Fußball erwähnten: Zwei davon waren Spielberichte, in denen ein Tor, das nach einem Doppelpass zweier Brüder zustande kam, mit diesem Kunstwort bezeichnet wurde; auf der dritten, einem Online-Forum für Freizeitaktivitäten, tauchte der Begriff zwar als Bestandteil eines improvisierten Fußballspiels auf – aber auch hier nicht in dem Sinn, den wir ihm auf dem Gummi gegeben hatten. »Familientor«, im Singular, bezeichnete einen besonders spektakulären Moment von »Ball aus der Luft«: wenn alle Mitspieler vor einem erfolgreichen Torschuss den Ball berührt hatten, ohne dass er auf dem Boden aufgekommen war. Der Torwart bekam dann drei statt ein Leben abgezogen.

Das Internet weiß also nichts von dem Spiel, das uns fast ein Jahrzehnt lang Woche für Woche beschäftigte.

Mein Mittelpunkt der Welt: ein zu kleiner, zu unbedeutender Ort unter den hunderten Münchner, tausenden bayerischen, zehntausenden deutschen Plätzen dieser Art, um in dem umfassenden Archiv der Gegenwart verzeichnet zu sein. Wie viele Gummis mag es in den letzten vierzig Jahren gegeben haben, in großen und kleinen Städten, zwischen Hochhaussiedlungen und auf dem freien Feld? Ihr Belag unterschied sich – Stein, Tartan, Rasen, später auch Kunstrasen –, aber die Ernsthaftigkeit, mit der auf ihnen Fußball gespielt wurde, war bei vielen ohne Zweifel dieselbe. Ein Freund, im gleichen Jahr wie ich in Westberlin geboren und in Charlottenburg aufgewachsen, erinnert sich, dass das Spiel, das wir »Familientore« nannten, auf dem Tartanplatz seiner Kindheit »Rüberschießen« hieß. »Ball aus der Luft« war in der Bayernallee in Neu-Westend Anfang der achtziger Jahre unter dem Namen »Hochausputten« bekannt. Auch dieses eigentümliche Wort hat bei Google heute kaum zwanzig Treffer. Wenn er von dem Spiel erzählt, wird sofort klar, dass das Regelwerk in Westberlin wesentlich feiner gewesen sein muss (oder er hat ein besseres Gedächtnis). Alle Mitspieler begannen mit zehn Punkten, der Torwart, Verlierer eines Wettschießens an die Latte, mit elf. In einer inneren Zone rund um das Tor herum durften keine Treffer erzielt werden. Wenn ein Spieler nur noch ein Leben hatte – so auch der Berliner Begriff –, konnte er sogar bestimmen, dass der letzte Treffer mit dem Hinterkopf erzielt werden musste. Es gab beim »Hochausputten« zudem einige Sonderbestimmungen, deren Namen und

Funktionen ich noch nie gehört habe. So besagte die »Sommerregel«, dass man nach einem Volleyschuss, der sein Ziel verfehlte, nicht ins Tor musste, wenn die Vorlage direkt vom Torwart gekommen war. Dieser Anreiz verleitete aber den Torwart zu dem riskanten Manöver, einem Feldspieler den Ball so zuzuwerfen, dass er im Moment der Abnahme doch noch den Boden berührte. Dann nämlich, wenn es kein Volleyschuss, sondern ein Dropkick wurde, galt nach einem Fehlversuch die übliche Regel. Einer anderen Bestimmung namens »Neun, acht, stille Nacht« zufolge durften alle Feldspieler nicht mehr sprechen, wenn der Torwart auf neun oder acht Punkte fiel; missachtete einer das Schweigegelübde, musste er ins Tor.

Weitere Namen für »Ball aus der Luft« in den siebziger und achtziger Jahren, aus den Stadtteilen Münchens und den verschiedenen Regionen Deutschlands: »Jim aus der Luft« (Pullach), »Obern« (Pasing), »Eiern« (Schwabing; ein paar Kilometer weiter war die Bezeichnung also auf ein anderes unserer Spiele übergegangen), »Rausschießerles« (Würzburg), »Dreimal hoch« (Langgöns bei Gießen), »Volley« (Dresden), »Hoch zack bumm« (Leipzig), »Hoch rein« (Ostwestfalen und Bremerhaven), »Schwarzwälder« (Münsterland), »Englisch« (Bonn; »Eiern« hieß dort »Spanisch«, lauter länderspezifische Namen, vielleicht wegen der vielen Diplomaten in der Stadt?), »Schnibbeln« (Bochum), »Ausbotten« (südliche Lüneburger Heide), »Hochball« (Hamburg), »Djungeln« (Horst bei Hamburg), »Hoch eins« (Jever).

Es gibt mittlerweile zwar eine ganze Reihe von Wörterbüchern der Fußballsprache, aber dieses ephemere Glossar, räumlich und zeitlich eng begrenzt, können sie nicht abbilden. Wer mag in Charlottenburg eines Tages auf die Idee gekommen sein, das Spiel von fünf oder sechs Fußballern auf ein Tor mit dem ungelenken Wort »Hochausputten« zu benennen? War das noch vor der Teilung Berlins? Oder erst lange nach dem Krieg und nur im Westteil der Stadt, als die ersten Spielplätze aus Stein und Tartan gebaut wurden? Und was an den Regeln und Vokabeln ist von Generation zu Generation hinzuerfunden oder abgewandelt worden? Die Geschichte dieser Ausdrücke ist inzwischen lang. Noch heute, sagt Michael, der seit vielen Jahren als Jugendtrainer und Vorstand in seinem alten Verein arbeitet, spielen Teile seiner C-Jugend-Mannschaft vor dem Training »Familientore«. Und wer durch den Volkspark Friedrichshain im früheren Ostberlin geht, in dem es einen großen und einen kleinen Tartanplatz gibt, kann einer Gruppe von Zehnjährigen dabei zuschauen, wie sie sich um ein Tor gruppieren und ein Spiel beginnen, das sie »Hochausputten« nennen, sogar mit »Sommerregel« und »Neun, acht, stille Nacht«. Wenn man sie fragt, woher sie diese Begriffe kennen, sagen sie schulterzuckend: »Das heißt halt so.« Dieselben unhinterfragten Naturgegebenheiten, vierzig Jahre später. Zwischen 1981 in Charlottenburg und 2021 in Prenzlauer Berg haben sich die Namen erhalten, und ein leidenschaftlicher Ethnologe, ein Linné der Fußballsprache, könnte ein Lebenswerk damit ausfüllen, diesen unerwarteten Transfer quer durch die Stadtteile und politischen Systeme, von der Wiedervereinigung und der Neuverteilung der Bevölkerung begünstigt, in empirischer Forschungsarbeit nachzuzeichnen.

Ganz selten kommt es vor, dass der Ursprung eines solchen Ausdrucks vielleicht doch konkret zu datieren ist. So wie beim Vorgang des »Wählens«, wenn zwei Spieler von uns die Mannschaften zusammenstellten. Abwechselnd durften sie jemanden in ihr Team berufen, und wer von ihnen anfing, wurde durch ein Ritual entschieden, das auf dem Gummi »Tip-Top« hieß. Die beiden Spieler stellten sich in einem Abstand von fünf, sechs Metern auf und gingen langsam, einen Fuß vor den anderen setzend, aufeinander zu. Der Name bezog sich auf die beiden Maskottchen bei der WM in Deutschland, »Tip« und »Tap«. Er kann also erst nach 1974 in den Sprachgebrauch der Fußballplätze eingesickert sein (wenn die Maskottchen nicht umgekehrt nach dem Ritual benannt worden sind). Doch auch dieser Ausdruck hat, wie die Kosenamen eines Liebespaars, ständig neue Variationen erfahren. Schon in unserem »Tip-Top«, das offenbar in vielen Teilen Deutschlands bis heute so heißt, war aus dem *a* ein *o* geworden. In Nordrhein-Westfalen wiederum nannte man das Wahlspiel in den achtziger Jahren »Piss-Pott«; die Konsonanten hatten sich auf ihrer Wanderung durch die Zeiten und Räume verschoben.

Und so wie der Name änderte sich von Region zu Region auch die Art der Ausführung: Auf dem Gummi gewann beim »Tip-Top« derjenige, dessen Fuß als letzter in die immer kleiner werdende Lücke zwischen den Kontrahenten trat. Im Nachhinein kommt mir diese Regel stimmig und harmonisch vor: Belohnt wurde das Hineinpassen des Fußes, ein bisschen wie bei Aschenputtel, auch wenn die Prämie bei uns nicht in Hochzeit und Reichtum bestand, sondern nur in der ersten Wahl bei der Mannschaftsbildung. »Piss-Pott« funktionierte aber genau andersherum; Sieger wurde dort, wer am Ende über die Lücke hinweg zuerst auf den Schuh seines Gegenübers steigen konnte. Für mich strahlt diese Regel heute etwas Grobschlächtiges aus: Honoriert wurde ein roher Akt und nicht die Kunst des Einschmiegens. Auf einem Schulsportplatz in Köln-Weiden dagegen bezeichneten die Spieler den letzten gewinnbringenden Schritt mit dem schönen Wort »Brücke«. Eine andere Fußballwelt, mit fremden Prinzipien und Begriffen.

6. Die Stecktabelle

Der Beginn einer neuen Bundesligasaison kündigte sich jeden Sommer mit demselben Zeichen an. Es war der Moment, in dem ich die Sonderausgabe der Zeitschrift *Kicker* im Schreibwarenladen entdeckte. Mit seinen Spielplänen, den Listen mit den Zu- und Abgängen und vor allem mit den Mannschaftsfotos eröffnete das Heft einen ersten Blick auf die bevorstehende Saison. Es markierte für mich eine mindestens ebenso wichtige Zäsur wie die erneuerte Langnese-Eistafel im Frühjahr, und so wie ich die Tafel am Tag der Aktualisierung fieberhaft nach den neuen oder ausgesonderten Eis-am-Stiel-Sorten durchsuchte, fahndete ich im *Kicker*-Sonderheft nach Änderungen im Kader und Erscheinungsbild der Bundesligateams. Welche Clubs hatten ihr Trikotdesign oder den Werbeschriftzug auf der Brust gewechselt? Wer investierte besonders viel in neue, spektakuläre Spieler, wer musste empfindliche Abgänge verzeichnen?

Lange betrachtete ich die ganzseitigen Mannschaftsfotos, deren Choreografie sich bei allen Teams auf bemerkenswerte Weise ähnelte: Immer wurden die Spieler in drei übereinanderliegenden Reihen vor einem neutralen Hintergrund präsentiert, mit den Torhütern im

Zentrum der unteren und dem Stab der Betreuer, in farblich abgesetzten Hemden, an den Rändern der mittleren oder oberen. Gab es für diesen Aufbau des Mannschaftsfotos verbindliche Vorschriften vom *Kicker*? Oder warum wich kein einziges Bundesligateam von der einheitlichen Gestaltung ab? In die Zeit der Veröffentlichung, zum Auftakt der Saison, passte diese Darstellung jedenfalls gut. Denn das symmetrisch komponierte Bild zeigte den Körper der neuen Mannschaft noch als faltenlose Einheit. Die Verteilung der Spieler gehorchte keinem ersichtlichen Prinzip, weder ihre bisherige Position noch ihre Popularität gaben den Ausschlag, und diese Willkür verlieh den Teams zu Beginn der Spielzeit eine Geschichtslosigkeit, die genau zur Botschaft des Heftes passte: Alles fängt von vorne an! (Wenn ich heute ein Mannschaftsfoto von damals ansehe, aus dem Sommer 1981 oder 1983, trägt es sein Datum allerdings in jeder Facette in sich, und das betrifft nicht nur die fremd gewordenen Moden – die vielen Schnauzbärte und Vokuhilas –, sondern gerade auch die damals gültige Aufstellung. Denn vor vierzig Jahren machte das Team der Trainer und Ärzte am Rand nur eine Gruppe von drei oder vier Personen aus; heute, im hochprofessionellen Betrieb des Bundesliga-Fußballs, nimmt der Betreuerstab in den farblich abgehobenen Trikots eine ganze Reihe ein.)

In der Mitte des *Kicker*-Sonderheftes befand sich die berühmte Stecktabelle aus Karton zum Herausnehmen. Dieser Augenblick markierte den eigentlichen Startschuss zur neuen Saison: wenn ich in mühevoller Bastelarbeit die Wappen der achtzehn Bundesliga- und zwanzig Zweitliga-Mannschaften aus der Pappe löste und sie in jener Reihenfolge, die ich für das kommende Jahr erwartete, zum ersten Mal in die Ritzen der Tabelle steckte. In der Anziehungskraft der Vereinsembleme bewahrte sich das Wappen noch etwas von jener Autorität, die es als Erkennungszeichen von Familien oder Städten längst eingebüßt hatte. Die vergessene Bedeutung der Heraldik überlebte nur noch im Bereich des Fußballs – was sich etwa daran zeigte, dass ich nichts über das offizielle Wappen unseres Bundeslandes wusste, die Musterung des FC Bayern-Emblems jedoch bis ins letzte Detail hätte beschreiben können. Für mich waren beide ohnehin identisch (und der Name des Clubs wie auch die blau-weißen Rauten in seinem runden Schild gaben mir eigentlich recht).

Es waren die Vereinswappen, die mir eine erste Vorstellung von der Gestalt Deutschlands verschafften: eine Farbenlehre der Bundesrepublik. Bremen etwa war von Beginn an mit der Farbe Grün assoziiert, und als ich Jahre später zum ersten Mal tatsächlich dorthin fuhr, kamen mir die zahlreichen Parks wie Indizien vor, genauso wie in Dortmund jede Telefonzelle und jedes Postamt das unwiderruflich Gelbe der Stadt bekräftigte. Die Berichterstattung über den Fußball vermittelte beiläufig geografisches Wissen, was auch mit der großen Deutschlandkarte zu tun hatte, die das *Kicker*-Sonderheft jedes Jahr auf einer der ersten Seiten abbildete. Alle achtzehn

Bundesligavereine waren darin eingezeichnet, und noch vor der ersten Erdkundestunde im Gymnasium lernte ich durch sie einige regionale Besonderheiten des Landes kennen: die dichte Besiedelung im Westen, mit so vielen Großstädten, dass auf der Karte fast kein Platz für alle Vereine blieb; die inselhafte Lage Berlins, denn rund um das Emblem von Hertha BSC war bloßes Brachland; die luftige Größe Bayerns, mit dem monolithischen FC Bayern München ganz im Süden. Auch die Tatsache, dass Schalke und Uerdingen nicht wie alle anderen Bundesligavereine Städte waren, sondern nur Stadtteile, wäre mir ohne das Heft erst sehr viel später klar geworden, wobei mir die Ortsangaben Gelsenkirchen und Krefeld noch lange wie Ableitungen der amtlicher klingenden Namen Schalke und Uerdingen erschienen.

Der Wiedererkennungswert der Wappen blieb über die Jahre hinweg von unterschiedlicher Stärke. Vermutlich täuschte ich mich, und es war nichts als Gewöhnung: Aber von den Emblemen der traditionellen Bundesligavereine schien eine größere Überzeugungskraft auszugehen als von denen der Aufsteiger und Zweitliga-Mannschaften – als würde sich das Format der sportlichen Leistung auch im Ästhetischen widerspiegeln. Das leuchtende Rot des 1. FC Kaiserslautern mit den mächtigen Buchstaben im Kreisinnern; die schwarz-weißen Rauten des Hamburger SV auf blauem Grund; das klassische blau-weiße Schild des VfL Bochum; die Frakturschrift des VfB Stuttgart: Die beständigsten Vereine dieser Zeit waren auch im Besitz der einprägsamsten und am klarsten gestalteten Embleme. Wie anders dagegen die meisten Aufsteiger oder die Clubs aus der Zweiten Liga, Mannschaften wie Blau-Weiß 90 Berlin, SV Meppen oder Union Solingen. Die Vereine brachten schon grafisch nicht die Voraussetzung mit, um zu einem wiedererkennbaren Markenzeichen des deutschen Fußballs zu werden; zu kleinteilig und unübersichtlich waren die Wappen, so schnell vergessen wie die Namen der Spieler nach dem raschen Wiederabstieg. Diese Embleme ließen sich nicht mit einem Blick einfangen, sondern setzten sich aus verschlungenen Linien und schwer leserlichen Schriftzügen zusammen. Sie mochten einen Club vielleicht bezeichnen, keineswegs aber verkörpern, wie es die Mönchengladbacher Raute oder das Bochumer Schild taten, die so sehr zum ikonografischen Bestand der Liga gehörten, dass ein Abstieg der Mannschaften allein aus diesem Grund unvorstellbar schien. Als es dann später doch geschah und etwa der rote Kreis des 1. FC Kaiserslautern unter den Wappen der Zweiten Liga auftauchte, hatte das beinahe etwas Unglaubwürdiges: ein zu schillerndes Zeichen unter dem restlichen Gemisch, merkwürdig deplatziert wie ein Fünfmarkstück im Gitarrenkoffer eines Straßenmusikanten.

Die *Kicker*-Stecktabelle hing die ganze Woche über wie ein Poster in meinem Kinderzimmer, doch jeden Samstag vor der *Sportschau* wurde sie heruntergenommen, um gleich nach den Spielberichten, noch auf dem Couchtisch im Wohnzimmer, aktualisiert zu werden. An diesen frühen Abenden, wenn ich mit meinem Vater vor dem Fernseher saß, lernte ich die Sprache des Bundesliga-Fußballs kennen, die besonderen Redeweisen der Reporter, die dramaturgischen Regeln ihrer Berichterstattung. Anfangs fielen mir diese Codes nicht auf, doch mein Vater führte mich vor dem Bildschirm in seine Dechiffrierkunst ein. Alles hatte damit zu tun, dass die Reporter während ihres Berichts das Spielergebnis schon kannten, den Zuschauern aber nichts verraten durften und den Schein der Unwissenheit aufrechterhielten. Mein Vater besaß allerdings ein feines Gespür für den Tonfall der Reporter, und so geschah es im Verlauf der *Sportschau* immer wieder, dass er schon nach wenigen Sätzen des Kommentators den Spielverlauf richtig vorhersagte.

Vor allem bei den für uns zentralen Spielen des FC Bayern bestand die Gefahr, dass mein Vater kurz nach Beginn der Aufzeichnung, scheinbar aus heiterem Himmel, den Kopf schüttelte und sagte: »So wie der redet, verlieren sie.« Ich hatte keine Vorstellung, womit er diesen Verdacht begründete, doch mit der Zeit verstand auch ich die Zeichen richtig zu deuten. Wenn der FC Bayern etwa bei einem vermeintlich leichten Gegner anzutreten hatte, kam es darauf an, wie stark der Reporter am Anfang die Übermacht des Favoriten herausstellte. Tat er das auffällig deutlich, sprach er von einer »lösbaren Aufgabe, die den Bayern in Düsseldorf nicht allzu viel Mühe abverlangen« würde, war Vorsicht geboten. Wenn dann, nach einem frühen Tor der Gäste, sogar »alles nach Plan« zu laufen schien und »die Bayern gewohnt souverän ihr Spiel« herunterspulten, legte mein Vater die Stirn in Falten, und es dauerte nicht mehr lange, bis er den verhängnisvollen Satz sprach. Und genauso geschah es auch: Nach dem 0:1 zur Halbzeit kam der Gegner laut Reporter »wie verwandelt aus der Kabine«, schoss das 1:1 und kurz vor Schluss sogar noch den Siegtreffer. Die vom ersten Wort an durchkomponierte David-gegen-Goliath-Dramaturgie kam zu ihrem geplanten Ende.

Am schmerzhaftesten waren im Lauf dieser Spielberichte natürlich immer die Sekunden vor einem Tor des Gegners. Dass ein solches Ereignis unmittelbar bevorstand, erkannten wir an der veränderten Stimme des Reporters. Der ruhige Kommentar, das gleichmäßige Nennen der Spielernamen brach plötzlich ab, und nach einer etwas zu langen Atempause hieß es beschwörend: »Und dann die 83. Minute …« Von nun an sprach der Reporter die Namen der ballführenden Spieler mit immer größerer Anspannung aus. »Manfred Bockenfeld – spielt steil auf Rudi Bommer – der lässt zwei Bayern-Verteidiger einfach stehen – flankt in die Mitte zu Thomas Allofs – Tor!« Der Schreck traf mich allerdings nicht unvorbereitet. Denn noch vor Bockenfelds Pass zu Bommer hatte mein Vater mit gefasster Stimme gesagt: »Schau hin, jetzt kriegen's gleich ein Tor.«

Eine solche Niederlage des FC Bayern – noch ganz am Anfang der Saison, vielleicht am vierten oder fünften Spieltag – hatte dann auch Auswirkungen auf meine Disziplin im Aktualisieren der Stecktabelle. Ich hätte das Bayern-Emblem von der Spitzenposition entfernen und etwa mit den mir unsympathischen Wappen des Hamburger SV oder von Werder Bremen vertauschen müssen. Also brach ich mit meiner Gewohnheit, die notwendigen Veränderungen noch während der *Sportschau* vorzunehmen, und hängte die Tabelle in unverändertem Zustand wieder auf. Abend für Abend, vor dem Zu-Bett-Gehen, fiel mein Blick auf die veraltete Reihenfolge der Embleme, und mit immer schlechterem Gewissen nahm ich mir vor, mich gleich am nächsten Tag wieder um eine sorgfältige Führung zu kümmern. Dies geschah dann aber nicht mehr. Die ganzen nächsten Monate über blieb die Stecktabelle auf dem eingefrorenen Stand jenes frühen Spieltages, als Wunschbild und Realität noch deckungsgleich waren. Nur an einem langweiligen Nachmittag im Winter nahm ich den Karton noch einmal von der Wand und verwandelte die reale in eine utopische Tabelle, mit Werder Bremen auf Platz 18 und Überraschungsteams wie Waldhof Mannheim, FC Homburg und Arminia Bielefeld auf den UEFA-Cup-Rängen, gleich hinter den Bayern. So blieb sie dann hängen, bis im Juli darauf die nächste Ausgabe des *Kicker*-Sonderhefts erschien und ich die neue Pappe mit dem festen Vorsatz herausnahm, diesmal gewissenhafter vorzugehen.

Es ist für mich inzwischen rätselhaft, mit welcher Selbstverständlichkeit mir das Wissen über den Fußball damals zur Verfügung stand. Die Stadien der Bundesligisten etwa waren mir so vertraut, dass ich vor dem

Fernseher auch ohne Ton innerhalb von Sekunden hätte sagen können, an welchem Ort das Spiel ausgetragen wurde. Das Aussehen der Tornetze, die Form der Tribünen, der Abstand zwischen Spielfeld und Tartanbahn, die Perspektive der Kamera auf den Platz: Ich weiß nicht mehr, an welchen Details es genau lag, aber ich konnte das Frankfurter Waldstadion vom Schalker Parkstadion, das Hamburger Volksparkstadion vom Nürnberger Frankenstadion auf den ersten Blick voneinander unterscheiden. Wenn ich mir auf YouTube Bundesligaausschnitte dieser Zeit ansehe, fallen mir zwischen den meisten Stadien – allesamt weitläufige Betonschüsseln, im Vorfeld der WM 1974 erbaut – keine besonderen Differenzen mehr auf. Natürlich, manche Bilder kann ich noch immer ohne Zögern lokalisieren, zum Beispiel das Münchner Olympiastadion, anfangs mit grünen Tornetzen, später mit weißen, oder die veralteten Holztore in Bremen, die bis weit in die achtziger Jahre hinein eckige Pfosten hatten und keine abgerundeten, wie es längst Standard geworden war. Doch abgesehen von diesen Ausnahmen hat sich die beiläufige Präzision des Blicks, die ich damals hatte, komplett getrübt.

Ob die dreizehnjährigen Fußballfans von heute die Stadien der Bundesliga, die mir nach dem Umbau in reine Fußballarenen vollends unterschiedslos erscheinen, genauso gut auseinanderhalten können? Daran besteht kein Zweifel; sie ordnen die Fernsehbilder anhand mir unbekannter Zeichen bestimmt mit ebensolcher Schnelligkeit der HDI Arena in Hannover oder der

Mercedes-Benz Arena in Stuttgart zu, mit der ich früher das Dortmunder Westfalenstadion an den weißen Zäunen hinter den Toren und dem Muster des gemähten Rasens erkannt habe. Dieses Vermögen bleibt bestehen, erneuert sich mit jeder Generation. Eine spürbare Veränderung allerdings haben die Bundesligastadien in den letzten Jahrzehnten über sich ergehen lassen müssen. Sie betrifft ihre Namen. Unter den laut ewiger Tabelle fünfundzwanzig besten deutschen Clubs finden sich folgende Umbenennungen:

Borussia Dortmund	Westfalenstadion ▶ Signal Iduna Park
VfB Stuttgart	Neckarstadion ▶ Mercedes-Benz Arena
FC Schalke 04	Parkstadion ▶ Veltins-Arena
1. FC Köln	Müngersdorfer Stadion ▶ RheinEnergie-Stadion
Eintracht Frankfurt	Waldstadion ▶ Deutsche Bank Park
VfL Bochum	Ruhrstadion ▶ Vonovia Ruhrstadion
Hannover 96	Niedersachsenstadion ▶ HDI Arena
MSV Duisburg	Wedaustadion ▶ Schauinsland-Reisen-Arena
Fortuna Düsseldorf	Rheinstadion ▶ Merkur Spiel-Arena
Arminia Bielefeld	Alm ▶ SchücoArena

Wenn die Paten der Fußballstadien lange Zeit in der umliegenden Natur rekrutiert wurden, sind es seit dem Jahr 2001, als der Hamburger SV sein Volksparkstadion vorübergehend in AOL Arena umbenannte, zum Großteil Marken- und Firmennamen. Mit Flüssen, Bergen oder Landstrichen, so die konsequente Erkenntnis bei der Ausweitung des Sponsorings im Fußball, lässt sich kein Geschäft abschließen. Deshalb sind jene Namen nach und nach verschwunden, die das Stadion als spezifischen Ort kennzeichneten, gelegen an einem bestimmten Gewässer oder in einer bestimmten Region. Auf vermittelte Weise ist diese Beziehung zum Standort vielleicht noch gegeben, weil die namensstiftenden Konzerne oft aus derselben Stadt stammen – Mercedes-Benz hat seinen Firmensitz in Stuttgart, die Deutsche Bank residiert in Frankfurt. Doch alles in allem ist es ein anschauliches Symbol für die weltumspannende Wirtschaftskraft des Profifußballs, dass die Namen der Stadien nicht mehr auf die Herkunft des Clubs verweisen, sondern auf globale Unternehmen.

Im *Kicker*-Sonderheft stand der Name des Stadions ganz oben in der Vereinsstatistik, gegenüber der Seite mit dem Mannschaftsfoto. Darunter begannen die Spalten mit den biografischen Angaben der Spieler, an denen mich über die Jahre hinweg immer das Geburtsdatum am meisten interessierte, allerdings aus wechselnden Gründen. Als ich das Heft zum ersten Mal in die Hände bekam, mit elf oder zwölf, faszinierten mich vor allem die ältesten Fußballer; ich ging die Statistiken jedes Clubs auf der Suche nach Spielern durch, die noch in den 1940er Jahren geboren waren, Haudegen wie Michael Lameck vom VfL Bochum oder Bernard Dietz vom MSV Duisburg. Je älter ich wurde, desto interessanter waren für mich aber die Jahrgänge, die gar nicht so weit von meinem eigenen Geburtsdatum entfernt lagen. Als

Vierzehn-Jähriger gab ich mich der Fantasie hin, dass es vielleicht nicht mehr lange dauern würde, bis einer von uns selbst in diesem Heft verzeichnet sein würde. Ein paar Jahre später, ich befolgte das sommerliche Ritual die letzten Male, stand dann die (schon nicht mehr mit vollem Ernst empfundene) Hoffnung im Zentrum, dass noch immer genügend Zeit bliebe; die jüngsten Nachwuchsspieler im Kader waren jetzt zwar schon 1967 und 1968 geboren und vereinzelt sogar im selben Jahr wie ich, aber die Schallmauer von 1970, die mir immer entscheidend schien, hatte noch niemand durchbrochen.

Als ich das Heft schließlich nach langer Pause wieder einmal aus sentimentaler Erinnerung durchblätterte, an einem Kiosk an der Universität, fiel mein Blick sofort auf die Spalte mit den Geburtsdaten. Obwohl ich es hätte besser wissen müssen, erschrak ich: Die ehedem magische Grenze war von nahezu allen Spielern überschritten worden; die Jahrgänge 1972 bis 1976 bildeten den Durchschnitt, und es gab sogar ein, zwei Namen, hinter denen das Geburtsjahr 1980 stand: eine Zahl, die ich zunächst kaum glauben konnte. Älter als ich war dagegen in der ganzen Bundesliga fast niemand mehr, höchstens ein paar Recken wie Thomas Helmer oder Jürgen Kohler, die jungen Lesern nun so befremdlich wie mir einst Lameck oder Dietz vorkommen mussten. Ich legte die Zeitschrift mit einem Gefühl beiseite, das ich bis dahin immer abgedrängt hatte: dass eine im Geheimen stets offen gehaltene Option des Lebensweges, so illusorisch sie sein mochte, tatsächlich nicht mehr einzulösen war.

7. Apfelschorle

Auf dem Gummi gewann die Mannschaft, die zuerst zehn Tore erzielt hatte, und nach zwei solchen Spielen (bei hart umkämpften vielleicht schon nach einem) kam es immer zu einer Unterbrechung. Einige von uns saßen erschöpft auf dem Platz – die kleinen roten Kugeln des Tartans klebten abends im Bund der Trainingshose –, andere schossen ein paar Bälle aufs Tor, und irgendwann sagte jemand: »Fahren wir zum Krause!« Das war das Losungswort. Alle standen auf und sammelten die Bälle ein, nahmen ihre Trainingsjacken, die neben den Torpfosten lagen, und gingen zu den Rädern neben dem kleinen Tor Richtung Hockeyplatz.

Der Krause war ein Getränkemarkt ganz in der Nähe. Wenn man das Gelände des Hockeyclubs verließ und die Straße überquerte, musste man nur durch den Innenhof einer der typischen Sechziger-Jahre-Siedlungen im Viertel gehen und stand an der kurzen Treppe zur Hintertür des Ladens. Auf diesen drei oder vier Stufen verbrachten wir viele Jahre lang die Pause, die es an jedem Nachmittag auf dem Gummi gab. Vorne im Geschäft, einem spärlich eingerichteten, fast nur aus Stapeln von Getränkekästen bestehenden Raum, kauften wir uns etwas zu trinken, eine Zitronenlimo oder ein Spezi der Marke Glorietta, in bauchigen Halbliterflaschen, in denen auch das Bier abgefüllt wurde. Die Limonade kostete fünfunddreißig, das Spezi vierzig Pfennig; Pfand mussten wir nicht bezahlen, weil uns die Verkäuferin, die gleich beim Eingang an der Kasse saß, vor den Plastikbehältern mit den Süßigkeiten, schon so lange kannte. Dieses Vertrauen war aber zumindest in den späteren Jahren nicht mehr gerechtfertigt. Denn manche von uns versuchten immer öfter, sich einen Teil der Getränke zu erschleichen. Einer bestellte bei der Verkäuferin eine größere Menge Gummischnuller, Schaumstoff-Erdbeeren und Esspapier, und während die Frau die hauchdünnen, aneinanderklebenden Blättchen mühevoll abzählte, hatten die anderen hinten bei den Glorietta-Kästen schon jeder eine Flasche Spezi aufgemacht (Jonas hatte immer einen Flaschenöffner am Schlüsselbund) und sie in einem Zug ausgetrunken. Bezahlt wurde dann nur die zweite Flasche, mit der man sich auf die Treppe setzte.

Ich frage mich heute, warum niemand von uns ein Getränk von zu Hause auf den Gummi mitgebracht hat. Um den Durst zu stillen, der nach einer Weile aufkam, diesen elementaren, brennenden Durst, wie ich ihn abseits des Fußballs nie mehr verspürt habe, mussten wir immer den Platz verlassen und das Spiel für längere Zeit unterbrechen. In den Anfangsjahren, als wir den Getränkemarkt noch nicht kannten, liefen wir mehrmals am Nachmittag zu den runden Schuhputzanlagen

84

des Fußballvereins und hängten unsere Gesichter mit gewölbten Handflächen unter die Wasserhähne (eine Einrichtung, die es auf heutigen Sportanlagen nicht mehr gibt, weil die Schuhe auf den Kunstrasenplätzen nicht dreckig werden).

Warum hatten wir damals keine Getränke dabei? Lag es daran, dass sie vor allem in den Sommermonaten nicht kühl genug geblieben wären? Ich glaube, dass der wichtigste Grund für diesen merkwürdigen Verzicht ein anderer war: Es gab noch keine Getränkeflaschen aus Plastik, und es wäre zu unsicher gewesen, auf dem Fahrrad einen Behälter aus Glas zu transportieren. (Die 0,33-Liter-Getränkedosen waren uns vermutlich zu klein.) 1978 brachte Coca-Cola in den USA zum ersten Mal eine Zweiliterflasche aus einem Polyester-Kunststoff auf den Markt, die für ihre Leichtigkeit und Robustheit gerühmt wurde; sie trug den Namen »Easy Goer«, weil sie ohne Beschwernis getragen werden konnte und auch Missgeschicke wie eine gerissene Einkaufstüte unbeschadet überstand. In Deutschland wurden die Plastikflaschen des Coca-Cola-Konzerns, in Eineinhalblitergröße, erst in der zweiten Hälfte der achtziger Jahre eingeführt; praktische Halbliterflaschen noch später, zu einer Zeit, als es unsere Mannschaft schon lange nicht mehr gab.

Auf dem Gummi mussten alle ihren Durst bis zur festgelegten Pause im Zaum halten, und gerade deshalb war es ein großes Ereignis, als ein viel später hinzugekommener Spieler, ein Torwart namens Peter Kammler (der meistens nur beim Nachnamen gerufen wurde), mit diesem Gesetz zu brechen begann. Kammler, der schon vierzehn oder fünfzehn war, als er auf dem Platz auftauchte, unterschied sich in mancher Hinsicht von den anderen: Er hatte gerade erst mit dem Fußball angefangen, wollte freiwillig ins Tor, was bei niemandem sonst der Fall war, und lief von Beginn an in kompletter Ausrüstung auf, mit hellblauem Torwartdress inklusive Hose und Stutzen, professionellen Handschuhen und sogar einem Paar Knieschonern, als sollte die imposante Montur sein fußballerisches Novizentum ein wenig verschleiern. Man sah die hellblaue Gestalt immer schon von Weitem auf den Gummi zukommen, weil Kammler direkt oberhalb des Parks wohnte und nur quer durch das Vereinsgelände gehen musste, um auf den Platz zu gelangen. Seine Reaktionen im Tor wirkten anfangs oft ungelenk, aber er verbesserte sich schnell, und wir waren ohnehin froh, dass er mitspielte. Denn nun hatte sich zumindest bei einer Mannschaft die leidige Torwartfrage gelöst, die auf dem Gummi stets ein Problem gewesen war und die wir mit Regeln wie »fliegender Torwart« oder »letzter Mann« abzumildern versuchten. Doch jetzt war Kammler dabei, und die Streitigkeiten, wer ins Tor musste, entfielen auf der einen Seite, weshalb er nach dem »Tip-Top« immer rasch von einem der Wählenden berufen wurde.

Wie gut der neue Torwart ausgestattet war, zeigte sich dann auch in den kurzen Pausen zwischen den Spielen. An einem Nachmittag hatte die erste Partie nicht lange gedauert, und wir beschlossen eine sofortige Revanche, als Kammler hinter sein Tor ging und etwas aus seiner Umhängetasche holte. Es war tatsächlich eine Trinkflasche aus Plastik, wie sie von Rennradfahrern verwendet wurde, und dieser Anblick löste auf dem Gummi lebhafte Reaktionen aus, zwischen Belustigung und Neid. Nach wenigen Augenblicken war der Torwart umringt von seinen Mitspielern, die die Flasche, auch sie in Hellblau, beäugten wie ein exotisches Tier.

In Kammlers Trinkflasche war damals Apfelschorle. Dieses Getränk stand in den Vereinsheimen und in den gewöhnlichen Gaststätten Münchens erst seit kurzer Zeit auf der Karte; der Name »Schorle« war noch zu Beginn der achtziger Jahre allein für verdünnten Wein reserviert gewesen. Ich kannte das Gemisch aus Apfelsaft und Mineralwasser vor allem von den Urlaubsreisen in die österreichische Heimat meiner Eltern, wo es den mysteriösen Namen »Obi g'spritzt« trug. Der Triumphzug der Apfelschorle in den vergangenen zwanzig, fünfundzwanzig Jahren, das breite Sortiment im Getränkehandel, mit mehr oder weniger Kohlensäure, trübem oder klarem Saft, Zusätzen wie Trauben-, Johannisbeer- oder Minzgeschmack, macht die Vorstellung fast unmöglich, dass sie in einer deutschen Großstadt im Jahr 1984, als Peter Kammler zum ersten Mal seine Trinkflasche ausgepackt haben mag, noch eine solche Besonderheit war. Die fertige Schorle in Plastikflaschen wurde in Deutschland sogar erst 1994 von der Firma Rhönsprudel auf den Markt gebracht, über zehn Jahre nachdem wir mit unseren bauchigen Glorietta-Spezis auf der Treppe hinter dem Krause saßen, und die Realität solcher Zeitangaben droht meine Erinnerungsbilder kurzzeitig von mir abzulösen. Für einen Moment verwandeln sie sich in vergilbte Schwarz-Weiß-Fotografien einer fremden Welt, aufgenommen lange vor meiner Geburt.

8. Gut am Ball, aber zu langsam

Die Wahrnehmung meiner selbst, die Entstehung dessen, was man »Körpergefühl« oder »Selbstbewusstsein« nennt, war vollständig geprägt durch den Fußball. Ich: eine bestimmte Art zu schießen, mit dem linken Fuß, »angezwirbelt«, wie wir sagten, von halb rechts kommend ins lange Eck. Eine bestimmte Art zu dribbeln, mit dem Innenrist rechts am Gegenspieler vorbei. (»Innenrist«, merkwürdiges Wort, von dem ich lange dachte, es hieße »Innenriss«, und als ich es zum ersten Mal geschrieben sah, war ich erstaunt über die unbekannte letzte Silbe.) »Passt auf, der macht immer die gleiche Körpertäuschung«, rief ein Betreuer der anderen Mannschaft aufs Feld, und ich verstand nicht genau, was er damit meinte. Denn für mich war es kein einstudierter Trick, sondern ein natürlicher Bewegungsablauf. Mein Weg vorbei am Gegner beruhte gerade nicht auf einer »Täuschung«; ich konnte einen Verteidiger gar nicht anders ausspielen.

Von Anfang an beruhte dieses Körpergefühl auf einer bestimmten Asymmetrie, zwischen der eher statischen rechten und der beweglicheren linken Hälfte. Ich hatte nie den Eindruck, dass meine beiden Beine beim Spielen gleich fest mit dem Boden verbunden waren. Auf dem rechten, meinem Standbein, lag mehr Gewicht, es bildete das Fundament für die Mobilität des linken. Und so wie ich den Schüssen und Pässen mit dem Innenrist fast jedes Mal ein wenig Effet mitgab, schien auch meine Statur etwas leicht Verdrehtes zu haben. Beim Laufen fühlte es sich immer so an, als würde sich mein Körper leicht nach rechts neigen, und vermutlich lag es an diesem Ungleichgewicht, dass das rechte Knie schon sehr früh, nach dem ersten Jahr der B-Jugend, zum dauerhaften Problem wurde.

Ich war ein typischer »Linksfüßer« oder »Linksfüßler«, wie die Trainer sagten, merkwürdige, vom Textprogramm rot unterringelte Begriffe, die eher insektenhafte Bilder hervorrufen, aber es gibt im Deutschen keine bessere Bezeichnung. Die selteneren Linksfüßer scheinen im Fußball jedenfalls immer stärker durch ihre Anlage bestimmt zu sein als die Rechtsfüßer, deren Spielweise trotz der ebenso klaren Bevorzugung einer Körperhälfte neutraler wirkt, flexibler; man wird kaum einen Rechtsverteidiger finden, der den Ball so gut wie nie mit dem linken Fuß berührt, aber auf der anderen Seite des Spielfeldes ist diese konsequente Aussparung sogar im Profifußball regelmäßig zu beobachten, wie es Marcelo von Real Madrid oder Juan Bernat von Paris Saint-Germain demonstrieren.

Dass ich mit links schoss und damit als Ausnahme galt, war eine Eigenheit, die sich sofort herausstellte. Abgesehen von dieser ersten Prägung aber hatte ich lange kein Gefühl dafür, welche Art von Fußballer ich war, wo meine Stärken und Schwächen lagen, für welche Position auf dem Feld ich infrage kam. Ich habe noch mein Erstaunen und meine Kränkung in Erinnerung, als im Verein die ersten Charakterisierungen meiner Spielweise auftauchten. Im Alter von zehn oder elf, im Verlauf der E-Jugend, begann ich zwei Arten von Kommentaren regelmäßig zu hören. Zum einen lobten mich die Trainer manchmal für meine »Übersicht« und stellten mich im zentralen Mittelfeld auf. Sie sagten Sätze wie »Du kannst das Spiel beruhigen« oder »Du schaffst es auch mal, den Ball zu halten« – Vertrauensbekundungen, die mir erst das Wissen um diese Stärken verliehen und meine Aktionen fortan tatsächlich überlegter machten. Damals fielen auch zum ersten Mal die anerkennenden Worte, dass ich ein »guter Techniker« oder »technisch gut« sei, und ich weiß noch, wie merkwürdig mir dieses Kompliment vorkam. Denn meine Leistungen im Grundschulfach Werken oder die unbeholfenen Versuche, einen Nagel in die Wand meines Kinderzimmers zu schlagen, hatten mir unmissverständlich gezeigt, dass ich kein »Techniker«, sondern im Gegenteil sogar besonders ungeschickt war. Im Fußball musste diese Bezeichnung also etwas anderes bedeuten.

Gleichzeitig nahm ich nun aber auch eher abfällige Bemerkungen wahr, über meine läuferischen und athletischen Fähigkeiten. Beim Sprinttraining oder beim Fünfzig-Meter-Lauf im Sportunterricht war mir natürlich aufgefallen, dass ich nie zu den Besten gehörte. Aber diese Übungen hatten nicht unmittelbar mit dem Fußball zu tun und wurden von mir deshalb nicht so ernst genommen. Doch dann, bei einem Heimspiel unserer Mannschaft, nach einem verlorenen Laufduell an der Seitenlinie, rief mir Herr Bloch, der grobschlächtige Vater eines Mitspielers, die Worte zu: »Der Schnellste bist du ja nicht!« Und ich hörte auch noch, wie er in die Richtung unseres Trainers das abschließende Urteil fällte: »Gut am Ball, aber zu langsam.« Diese Sätze, in einem herablassenden, fast höhnischen Tonfall gesprochen, trafen mich tief und sorgten dafür, dass ich einige Spielzüge lang nicht mehr richtig am Geschehen teilnehmen konnte. Vielleicht war es dieses Verdikt, erlassen an einem verregneten Sonntagvormittag auf unserer Bezirkssportanlage, das mir den Makel der Langsamkeit zum ersten Mal unwiderruflich ins Bewusstsein senkte. Mein Selbstbild als Fußballer war ab dieser Zeit von einer bestimmten Widersprüchlichkeit gekennzeichnet. Ich wusste, dass ich »mit dem Ball umgehen kann«, wie ein Sportreferendar in der fünften Klasse des Gymnasiums zu mir sagte, der auch als Jugendbetreuer beim FC Bayern arbeitete und mich nach ein paar Wochen fragte, ob ich zum Probetraining der E-Jugend kommen wolle. Gegen schwächere Teams konnte ich diese Fähigkeit auch häufig ausschöpfen, schlug aus dem Mittelfeld genaue Pässe und »machte das Spiel«, wie es der Trainer von mir forderte. Diese Souveränität wurde aber sofort brüchig, wenn ich auf dem Platz mit unbequemen, mindestens ebenbürtigen Gegnern konfrontiert war. Nach den ersten Zweikämpfen, bei denen ich nicht an den Ball kam, nach den ersten missglückten Dribblings verschwand der ballsichere Spielgestalter, und die andere, blasse Inkarnation meines Fußball-Ichs trat hervor, unbeweglich, träge, von Minute zu Minute verzagter.

Alle Gefühle der Erhebung und der Erniedrigung, der Zugehörigkeit und der Isolation sind mir zuerst beim Fußball begegnet. Jede spätere Erfahrung, ausgeschlossen zu sein, in welchen Gruppen und Milieus auch immer, rief in mir das schneidende Echo von damals hervor, mich in einer Mannschaft nicht durchsetzen zu können. Diese Gefahr bestand vor allem zu Beginn jeder zweiten Saison, wenn ich die Vorbereitung mit dem Jahrgang über mir bestritt. Unser Verein war so aufgebaut, dass es von der E-Jugend bis zur A-Jugend immer zwei Mannschaften gab, deren Zusammensetzung sich nach dem Alter der Spieler richtete. Grundsätzlich bildete der ältere Jahrgang das erste, der jüngere das zweite Team, doch wenn das Training nach den Sommerferien wieder anfing, wurden einige Spieler dazu bestimmt, eine Mannschaft zu überspringen und den Kader der E1, D1 oder C1 zu ergänzen. Ich gehörte alle zwei Jahre diesem Kreis an, und wo meine Stellung im Team des eigenen Jahrgangs ungefährdet war, befand ich mich in der älteren Mannschaft immer am Rand. Es gab dort etliche Spieler, denen ich mit Ehrfurcht begegnete. Ihre Namen, die für mich heute wie gemeißelt klingen, sind nur in vollständiger Nennung von Vor- und Nachnamen denkbar: Helmut Gassler, ein wuchtiger Vorstopper, dessen Vater, Inhaber einer Sanitärfirma, die Trikots finanzierte; Thomas Schober, ein Linksfuß mit mächtigem Schuss; Ralf Hader, ein Abräumer im Mittelfeld, der in der Kabine als Erster ein Deo nach dem Duschen verwendete. Und allen voran natürlich Heiko Zechner, ein Johan-Cruyff-haftes Genie im Mittelfeld, der beste Fußballer der gesamten Jugendabteilung (zumindest bis ein paar Jahrgänge unter uns ein blonder Junge namens Didi Hamann auftauchte). In den Vorbereitungsspielen mit dieser Mannschaft war eine ganz andere Robustheit gefragt. Die Zeit, den Ball ruhig anzunehmen und dann ein Dribbling zu wagen oder einen Pass zu spielen, gab es nicht mehr; außerdem wurde ich nicht auf meiner gewohnten Position im Zentrum aufgestellt – die gehörte Heiko Zechner –, sondern als Linksaußen, wo ich mich nicht wohlfühlte. Ich blieb in diesen Spielen bestenfalls unsichtbar, und selbst wenn ich bei einem Konter einmal freigespielt wurde und die Gelegenheit bekam, den Ball zu kontrollieren, sorgte meine Nervosität oder die mangelnde Einbindung ins Spiel dafür, dass ich ihn schnell wieder verlor.

Mein Vater fragte mich nach dem Training häufig, mit einem österreichischen Ausdruck, ob ich *ein Leiberl* bekommen hätte, und tatsächlich war das Verteilen dieser ärmellosen Hemden an die eine Hälfte des Kaders, vor dem abschließenden Spiel quer über den Platz, immer ein Indiz dafür, wer am Wochenende von Beginn an auflaufen durfte. In der Mannschaft des älteren Jahrgangs

bekam ich nie eines, und selbst wenn ich in den Test-
spielen in der Anfangself stand, war es in der Halbzeit
meistens so, dass sich der Trainer am Ende seiner Kabi-
nenansprache an mich wendete und sagte: »So, du bleibst
jetzt draußen, und dafür kommt …« Den Rest des Sat-
zes hörte ich schon nicht mehr, weil mich ein kühles,
gänsehautartiges Schamgefühl unter der Schädeldecke
durchfuhr, das mir Schwindel verursachte. Die Spieler
sprangen auf, feuerten sich gegenseitig an und liefen
unter dem Getrampel der Stollen zurück auf den Platz,
während ich allein in der nach Massageöl und Gras
riechenden Kabine sitzen blieb und das Trikot in den
leeren Mannschaftskoffer warf. Zu Beginn der Saison
wurde ich dann jedes Mal in das Team meines Jahrgangs
zurückgestuft.

9. Ich und Copa Mundial

Als Linksfuß im Mittelfeld bekam ich im Team meines Jahrgangs das Trikot mit der Nummer 10, und das Erhabene dieses Zeichens bedeutete mir viel. Wies die Gestalt der Ziffern nicht bei den meisten Rückennummern schon auf den Charakter ihrer Position? Mir schien, dass es eher stumpfe und eher filigrane Nummern gab, so wie sich auch die Mannschaft aus biederen und eleganteren Fußballern zusammensetzte. Die 7 und die 11 etwa, diese gezackten, dynamischen Ziffern, waren nicht umsonst den Außenstürmern zugeordnet, wendigen Spielern, die an den Flügeln auf einen Steilpass lauerten. Niemals hätte ein Kevin Keegan oder ein Emilio Butragueño eine bauchige 6 oder 8 tragen können; diese Nummern gehörten mit Recht den defensiven Mittelfeldmännern im Zentrum und auf der rechten Seite, die auf robuste Art den Raum absicherten. Die 10 wiederum erschien mir fast als majestätische Zahl, bestehend aus zwei Ziffern, aufrecht, in sich ruhend, und sie verlieh dem Träger unweigerlich größere Souveränität; ich bildete mir sogar ein, dass ich tatsächlich besser spielte, wenn ich sie auf dem Rücken hatte. (Vor einem Vierteljahrhundert wurde dieser gewachsene Bezug zwischen Rückennummer und Spielposition bekanntlich aufgetrennt. Seit 1995 bekommt jeder Bundesliga-spieler zu Beginn der Saison ein eigenes, mit Namens-zug und fester Nummer zwischen 1 und 40 versehenes Trikot zugewiesen: eine Marketingstrategie, die den Verkauf von Fußballtrikots um ein Vielfaches gesteigert hat. Die Macht der alten Verbindung ist dennoch bis heute zu spüren. Man spricht immer noch von der »Doppelsechs« und der »falschen Neun«, wenn von zen-tralen defensiven Mittelfeldspielern oder Mittelstür-mern die Rede ist, auch wenn die Fantasieziffern auf den Rücken etwas ganz anderes besagen.)

Im Profifußball gab es damals ein paar Spieler mit der Nummer 10, zu denen ich eine besondere Nähe spürte: Reinhold Hintermaier vom 1. FC Nürnberg, Uwe Bein von Eintracht Frankfurt oder später Dejan Savićević von Roter Stern Belgrad. Von ihrem Auftreten schaute ich mir manches ab, das nicht in die Hose gesteckte Trikot etwa, das ein Markenzeichen vieler Zehner war und das ich bei den Spielen im Verein übernahm, obwohl es unsere Trainer nicht gerne sahen. So wie die herunter-gerollten Stutzen war es ein Signal ihrer besonderen Position; die Zehner konnten sich offenbar ein wenig über das uniforme Erscheinungsbild der Mannschaft hinwegsetzen. Auch die Fußballschuhe dieser Spieler wiesen ein Detail auf, das ich viele Jahre lang mit aller Mühe zu kopieren versuchte, und zwar die umgeklapp-ten, möglichst weit über den Spann gezogenen Zun-gen. Diese Eigenheit schien eine geheime Ursache ihrer brillanten Technik zu sein. Die umgeklappte Zunge, das stand für mich fest, diente der Verfeinerung des Ballgefühls; sie funktionierte wie eine magnetische Unterlage, die immer wieder dafür sorgte, dass der Ball nach der Annahme eines Passes oder beim Dribbeln besonders dicht am Fuß kleben blieb.

Perfektioniert wurde diese Konstruktion allerdings von einem Rechtsfuß unter den Zehnern, jenem Außenrist-Spezialisten Wolfram Wuttke. Die Zungen seiner Schuhe hingen immer bis vor zur Spitze, vollkommen gerade, ohne jemals in die Gefahr zu geraten, während des Spiels nach oben zu klappen oder zu verrutschen. Ich fragte mich, wie das möglich war: Auch Wuttke, das erkannte ich in den Großaufnahmen vor einem Freistoß oder einer Ecke, trug keine besonderen, nur für ihn angefertigten Fußballschuhe; er bevorzugte wie fast alle Bundesliga-Profis und auch viele Jugendspieler meines Vereins den *Copa Mundial* von Adidas, einen schwarzen, besonders leichten Noppenschuh mit weißen Streifen, der erstmals für die Weltmeisterschaft 1982 in Spanien produziert worden war. Dieses Modell hatte zwar tatsächlich die längste, am stärksten dehnbare Zunge aller verfügbaren Fußballschuhe, doch wenn ich ein neues Paar bekam, konnte ich anstellen, was ich wollte – die umgeklappten Zungen blieben nie so gerade und so weit vorne, wie es bei Wolfram Wuttke der Fall war.

Ich kaufte meine Fußballschuhe in einem kleinen Geschäft an der Donnersbergerbrücke, das im Verein alle unter dem Namen »Sport Stumper« kannten, auch wenn es in Wahrheit nur ein bis unter die Decke mit Kartons vollgestellter Schusterladen war. Die Jugendspieler der größeren Münchner Vereine erhielten hier unter Vorlage des Mitgliedsausweises zwanzig Prozent Rabatt, angeblich weil ein Sohn von Herrn Stumper früher bei den Amateuren des FC Bayern gespielt hatte und der Vater dank dieser Verbindung dazu übergegangen war, sich auf den Großhandel mit Fußballschuhen und bedruckten Trainingsanzügen zu konzentrieren (manche Spieler nannten den Laden auch den »Bayern-Schuster«). Ob dieses Gerücht wirklich stimmte, habe ich nie erfahren. Ich weiß aber noch, dass die Fahrt zum Stumper, zu der ich meine Mutter einmal pro Saison überreden konnte, immer mit leichtem Herzklopfen verbunden war, weil der Kauf der verbilligten *Copa Mundial* – sie kosteten in dem Geschäft nicht mehr wie sonst 149, sondern nur noch 119 Mark – auch bedeutete, sich eine Viertelstunde lang den Sticheleien und spöttischen Witzen des Inhabers aussetzen zu müssen.

Der Schusterladen, der betäubend stark nach Leder und Schuhputzmittel roch, war immer gut besucht. Eine Reihe von Kunden stand wartend an der Verkaufstheke, und dahinter sah man Herrn Stumper, wie er zwischen den Regalen hin und her lief und Kartons mit Fußballschuhen aus den Stapeln zog, ein kleiner älterer Herr im Handwerkskittel, mit grauen, streng gescheitelten Haaren, der bei der Arbeit fortwährend redete, in sich hineinschimpfte, sein Schicksal als überlaufener Schuhlieferant der Münchner Fußballwelt beklagte. »Jetzt braucht der wirklich einen *Special Turf* Größe 42, ich fass es nicht«, stöhnte er, während er eine hohe Leiter bestieg. »Da, probier sie an, wenn deine krummen Füße reinpassen«, sagte er, als er die Schuhschachtel beim Hinuntersteigen auf die Theke warf, und der ältere Jugendspieler im Trainingsanzug, der gerade dran war und die Redeweisen Herrn Stumpers offenbar schon kannte, gab eine genauso grobe Antwort zurück.

Dann kam irgendwann ich an die Reihe, und die Szene, die sich ergab, war bei jedem Besuch die gleiche. Herr Stumper sah mich mit einem fast belustigten Gesichtsausdruck an und fragte: »Ja, und was suchst du jetzt hier?«

»Also, ich bräuchte bitte ein Paar *Copa Mundial* von Adidas, Größe 40/41.«

»Du und *Copa Mundial?*«, sagte er lachend. »Was willst denn du mit einem so guten Schuh?«

Nach dem dritten oder vierten Einkauf wusste ich schon, dass ich nun wie in einem improvisierten Theaterstück mitzuspielen und etwas Flapsiges zu entgegnen hatte; Herr Stumper, der Konrad mit Vornamen hieß, wie man an dem gerahmten Meisterbrief an der Wand sehen konnte, erwartete das fast als Teil des Handels. Aber beim ersten Mal fühlte ich mich wie durchschaut und bloßgestellt. Sein Kommentar löste in mir in Sekundenbruchteilen die Befürchtung aus, dass er vielleicht recht haben könnte, dass er mit einem geübten Blick auf meine schlaksige Gestalt, auf meine schlechte Haltung sofort den langsamen, technisch vielleicht versierten, aber insgesamt unzulänglichen Fußballer erkannt hatte, der in seinem Laden, in dem auch sämtliche Jugendspieler des FC Bayern und des TSV 1860 ein und aus gingen, nichts verloren hatte. *Ich und Copa Mundial?* Ja, vielleicht war das wirklich eine anmaßende, von Selbstüberschätzung geleitete Wahl, ein Akt der Hochstapelei!

Ich sagte nichts und muss vor der Theke einen recht betretenen Eindruck gemacht haben. Denn Herr Stumper redete nun in etwas gemäßigterem Ton weiter: »Also gut, wenns'd unbedingt meinst, 40/41 hast g'sagt, richtig?« Und er ging grummelnd zu einem der Regale hinüber, das beliebte Modell stand in großen Mengen bereit, und holte die glänzenden Schuhe aus dem blauen Adidas-Karton, damit ich sie auf einem der Stühle anprobieren konnte. »Kaufen'S die ihm jetzt wirklich?«, fragte Herr Stumper auch bei späteren Besuchen noch gerne meine Mutter, wenn sie ihren Geldbeutel aus der Handtasche nahm. Am Ende öffnete ich die Ladentür, die bei jeder Bewegung einen altmodischen Glockenklang von sich gab wie in Meister Eders Schreinerwerkstatt, und war froh, dass ich diese Tortur wieder für ein Jahr hinter mir hatte.

Das neue Paar *Copa Mundial* versuchte ich zu Hause dann immer mit größter Sorgfalt zu präparieren. Schon Tage vor dem ersten Spiel klappte ich die Zungen um, beschwerte sie über Nacht mit einem Brockhaus-Band aus dem Wohnzimmer oder klemmte sie mit Wäscheklammern vorne an die Sohle. Doch umsonst: Niemals leierten sie auf jene kunstvolle Weise aus, die ich aus der Bundesliga kannte. Wie brachten Wolfram Wuttke und andere Spieler ihre Zungen in Form? Es bestand kein Zweifel, dass ihnen die Bedeutung dieses Zeichens bewusst war. Aber ich konnte mir nicht vorstellen, dass sie es selbst waren, die der Pflege eines neuen Schuhs so viel Aufmerksamkeit widmeten. Wahrscheinlich überließen sie die Zurichtung einem altgedienten, treuen Zeugwart des Vereins, und wer weiß, vielleicht wendete dieser sogar dieselbe Wäscheklammer-Technik an wie ich, nur um vieles geduldiger und gekonnter.

Auch wenn die Form meiner eigenen Zungen den Vorbildern nie genügte: Die Frage, wie man auf dem Platz auftrat, wie die Schuhe aussahen oder das Trikot, war immer von großem Belang. Je stärker ich mich in solchen Stilfragen an meinen Idolen aus der Bundesliga orientierte, so die Hoffnung, desto näher würde ich ihnen auch fußballerisch kommen. Einer der Profis, die ich in der Zeit der D- und C-Jugend besonders verehrte, war der zum FC Bayern zurückgekehrte Paul Breitner, und die Mentalität seines Spiels, als ein Antreiber und Kämpfer, der die ganze Mannschaft mitreißen konnte, schien mir in einem bestimmten Kennzeichen eingefasst zu sein, und zwar in den weit hinaufgekrempelten Ärmeln seines Trikots. Ich begann also, diese Geste zu übernehmen; wenn wir auf den Platz kamen und den Anpfiff des Schiedsrichters erwarteten, krempelte ich die Ärmel hoch, dreimal, viermal, bis weit über die Ellenbogen, und obwohl ich wusste, dass meine Spielweise nicht besonders viel mit dem aufreibenden, zweikampfbetonten Fußball Breitners zu tun hatte, sollte dieses Ritual den Antrieb stärken, wie mein Vorbild alles für die Mannschaft zu geben.

Paul Breitner war damals der Kapitän der Bayern. Und als ich in der D1 dann ebenfalls in das Amt gewählt wurde, verband mich eine Saison lang auch das Tragen der Spielführerbinde mit ihm. Diese Auszeichnung erfüllte mich mit Stolz, und ich kostete bei jedem Spiel den Moment aus, in dem ich mir kurz vor dem Anpfiff die Binde über den linken Arm streifte und die Verwandlung vom gewöhnlichen Mannschaftsspieler zum Kapitän vollzog. Die Spielführer der gegnerischen Teams verschenkten diese Inszenierung meistens völlig. Sie kamen schon mit der gestreiften Binde am Arm aus der Kabine und lüfteten das Rätsel sofort. Ich selbst dagegen schob den Augenblick, mich als Kapitän zu erkennen zu geben, bis zur letzten Sekunde hinaus. Wenn wir die Kabine verließen, steckte ich das Stück Stoff in die Gesäßtasche meiner Hose. Auf dem Spielfeld machte ich noch ein paar letzte Dehnübungen, und erst wenn der Schiedsrichter zur Platzwahl bat und fragend in unsere Hälfte blickte, war der feierliche Moment der Verwandlung gekommen: Langsam ging ich auf den Mittelkreis zu und legte die Spielführerbinde an.

Zu Beginn der Saison hatte ich mir eine Kapitänsbinde im Sportgeschäft gekauft, eine grüne mit weißem Innenstreifen, und war mit ihr in der U-Bahn selig nach Hause gefahren, als würde ich einen wertvollen Orden transportieren. Als im Jahr darauf dann ein neuer Spielführer gewählt wurde, verstaute ich die überflüssig gewordene Binde im untersten Fach meines Kleiderschranks, wo auch die Fersenbandage lag, die ich einige Zeit lang nach Problemen mit der Achillessehne getragen hatte. Manchmal fiel mein Blick in den Monaten darauf mit Wehmut auf die beiden Stofffetzen, und obwohl ihre Gemeinsamkeit darin bestand, aussortiert worden zu sein, vermittelten sie genau entgegengesetzte Botschaften. Die Bandage benötigte ich nicht mehr, weil sich mein Zustand gefestigt hatte, die Kapitänsbinde benötigte ich nicht mehr, weil meine Stellung im Team brüchiger geworden war.

10. Abgesagt

Der Wintereinbruch auf dem Gummi zog jedes Jahr einen zweiten Einbruch nach sich, in die Gerätekammer des Platzwarts neben den Kabinen, in der die Schnee-schippen standen. Dieser Raum war nie abgesperrt, und deshalb hielten wir es für keine große Übertretung, trotz des leuchtend gelben Schildes »Für Unbefugte verboten« einige der Schaufeln für einen Nachmittag auszuleihen. Wir trugen sie durch die Vereinsanlage hinüber zum Gummi und begannen, den Platz zu räu-men: eine Maßnahme, die immer erst dann notwendig wurde, wenn über Nacht zum ersten Mal große Men-gen Neuschnee gefallen waren. Denn solange die weiße Schicht auf dem Tartan noch dünn blieb und den Lauf des Balles nicht störte, beeinträchtigte sie das Spielen kaum; die Schneedecke reizte sogar dazu, besonders waghalsige Manöver auszuprobieren, mit meterlangem Anlauf in Flanken hineinzurutschen oder einen Fall-rückzieher zu riskieren. Irgendwann aber kam in je-dem Winter der Tag, an dem die Schneemassen auf dem Gummi keinen Fußball mehr zuließen. Vielleicht pro-bierten wir es erst noch eine Viertelstunde, stapften über den Platz, der bald wie eine Mondlandschaft aus-sah, in der der Ball immer öfter in kleinen Mulden versank, bevor wir uns eingestehen mussten, dass es ohne die Schneeschaufeln nicht mehr ging. Die Räumung vollzog sich dann schnell und diszipliniert – ein eingespieltes Kommando, quer über den Platz –, und bis zum nächsten großen Schneefall war der Gummi, der von den aufgetürmten Haufen an den Rändern nun wie eingerahmt wirkte, wieder ohne Probleme bespielbar.

Der Kampf mit dem Schnee konnte einige Zeit lang, in manchen Wintern bis ins neue Jahr hinein, offen gestaltet werden. Spätestens im Lauf des Januars mussten wir uns jedoch geschlagen geben, weil der ständige Wechsel von Frost- und Tauwetter, Trockenheit und Niederschlag dazu geführt hatte, dass eine harte Eisschicht unter der Schneedecke lag, gegen die wir nicht ankamen. Unser Platz war für den Rest des Winters verloren, für den gesamten Februar, womöglich sogar für einen Teil des März. Es begann die trostloseste Zeit des Jahres, weil auch die Winterpause im Verein noch wochenlang andauern würde. Manchmal, nach einigen milderen Tagen, fuhr ich mit dem Fahrrad zu den Steinfeldern und schaute den Abhang hinunter auf den Gummi, um zu überprüfen, in welchem Zustand er war (durch die nackten Äste der Bäume hindurch hatte man zu dieser Jahreszeit freie Sicht). Aber es war keine Besserung eingetreten; der Platz lag da wie ein Komapatient, regungslos unter einer dicken weißen Decke, und ich wusste aus Erfahrung, dass die Eisschicht vor allem an jener Seite, die zu den Bäumen zeigte, nur sehr langsam schmelzen würde. Noch Mitte März, ja Anfang April konnte es passieren, dass sich der Gummi zwar grundsätzlich wieder erholt hatte und der rote Tartanbelag in der Frühlingssonne glitzerte, die eine Ecke des Platzes aber, wo es immer schattig blieb, weiterhin von Eishügeln übersät war, auf denen der Ball versprang – letzte Überbleibsel des Winters, so hartnäckig wie die grauen, vom Streusalz gesprenkelten Schneehaufen an manchen Kreuzungen der Stadt.

Es gab also in jedem Jahr eine Phase von sechs oder acht Wochen, in der wir uns nicht auf den gewohnten Plätzen treffen konnten. Der Fußball musste sich vorübergehend andere Orte suchen, und ein naheliegender Ersatz für mich war der rechteckige Flur unserer Wohnung, von dem die Zimmer abgingen. Ganze Nachmittage spielte ich mit einem gelben Schaumstoffball auf die Tore der Küche und des Schlafzimmers der Eltern; das Schulheft, in dem ich die Ergebnisse und Tabellen eintrug (und auf der letzten Seite die Torjägerliste), lag aufgeschlagen auf der kleinen Kommode neben der Badezimmertür. Jede Aktion der nachgespielten Partien wurde von mir im Stil der *Sportschau* kommentiert, stundenlang. Ich war Fritz Klein, der sich »bei typischem Hamburger Schmuddelwetter aus dem Volksparkstadion meldet«, Dieter Adler in Köln und natürlich Eberhard Stanjek: »Ein herzliches Grüß Gott aus dem Münchner Olympiastadion.« Zum Einsatz kam in diesen Wochen auch mein Tipp-Kick-Spiel, das ich seit der E-Jugend besaß, nicht das übliche Rollfeld mit Plastiktoren, sondern ein größerer Turniertisch auf abschraubbaren Holzbeinen. In unserem Flur fanden regelmäßig Turniere mit ein paar Freunden vom Gummi statt, und da der Turniertisch Tore mit elastischen Stoffnetzen hatte, wurde auch beim Tipp-Kick beträchtliche Zeit auf das Spannen und Verdichten der Netze verwendet, nur mit dem Unterschied, dass wir hier nicht mit Hammer, Zange und Nägeln hantierten, sondern mit feinerem Werkzeug aus dem Nähkorb meiner Mutter.

Wichtiger als die Wohnung wurde in dieser Jahreszeit aber ein anderes Ausweichdomizil: das Freizeitheim, das am Rand unseres Häuserblocks lag, auf dem Weg Richtung Gummi. In den wärmeren Monaten übte dieser Ort keine große Anziehungskraft auf mich aus; das Haus, hineingebaut in eine schmucklose Grünanlage, bestand aus einer Vielzahl verwinkelter Räume, die alle unterschiedliche Funktionen hatten, eine Bastelwerkstatt für die jüngeren Kinder oder ein Billardzimmer, in dem ein Tisch mit löchrigem Filz stand und einige heruntergekommene Queues an der Wand lehnten, deren die Kuppen schon fast abgewetzt waren. Jetzt, im Winter, besaß der Ort allerdings eine besondere Attraktion, nämlich den offenen, mit grauem Kunststoffboden bezogenen Hauptraum im hinteren Teil, der fast schon eine kleine Halle war und in dem, wenn es draußen nicht mehr ging, jeden Nachmittag Fußball gespielt wurde.

Die Atmosphäre im Freizeitheim war wesentlich ruppiger als auf dem Gummi; die Halle wirkte eher wie ein überdachter Abenteuer, und deshalb war es auch kein Zufall, dass ich dort als Zwölf- oder Dreizehnjähriger wieder auf jene früheren Mitspieler traf, die ich einige Jahre zuvor auf den Steinfeldern kennengelernt hatte. Auf dem Parkplatz neben dem Haus standen häufig ein paar Ältere in Motorradjacken oder Jeanswesten mit identischem Schriftzug auf dem Rücken beisammen; auch Rudi und Karli tauchten dort auf, im Schlepptau von Gestalten mit finsteren Spitznamen, »Bremser«, »Schaschlik«, »Kracher«, von denen es hieß, dass sie die Anführer einer berüchtigten Rockerbande waren. Ich bekam es immer ein wenig mit der Angst zu tun, wenn ich diese Gruppe auf dem Weg zum Freizeitheim erkannte, und ging dann schnell, mit leicht gesenktem Kopf, durch die Glastür ins Haus hinein. Drinnen in der Halle ließen sich die älteren Rocker zu meiner Erleichterung nicht blicken. Irgendjemand sagte, dass sie seit Langem Hausverbot hatten.

Vom Gummi-Team kam nur Harry regelmäßig ins Freizeitheim, der wie ich in der unmittelbaren Nachbarschaft lebte. Den anderen war der Weg von ihren oberhalb des Parks gelegenen Wohnungen zu weit. In der Halle waren Harry und ich fast die einzigen Deutschen. Die meisten Spieler kamen aus den türkischen, jugoslawischen oder italienischen Familien im Viertel, alte Bekannte wie Ismet, der den Trick mit dem vorgetäuschten Handspiel auch hier einsetzte, oder Hüseyin, ein in sich gekehrter, fast melancholischer Linksfuß mit einem angedeuteten Oberlippenbart schon in der

C-Jugend, der immer eine graue Flanellhose trug. Es gab aber auch Spieler, die ich nur hier sah, Cengiz zum Beispiel, ein großartiger Fußballer aus der Jugend des FC Bayern, der genauso gut hinten wie vorne spielen konnte, technisch und athletisch gleichermaßen beeindruckend, und mir heute wie ein türkischer David Alaba vorkommt. Oder der früh gestorbene Danilo, der schon zu der Zeit, als er noch gelegentlich bei uns mitspielte, in den nahegelegenen Unterführungen rund um den Schlachthof und die Großmarkthalle zu sprayen begann und heute unter dem Namen »Mitch II« als Pionier der deutschen Graffitikunst verehrt wird. (Ich selbst bekam von den Anfängen dieser Bewegung, direkt in unserem Viertel, nicht das Geringste mit.)

In der Halle, die höchstens halb so groß wie der Gummi war, spielten wir nicht fünf gegen fünf, sondern drei gegen drei, mit einem schweren Plastikball. Als Tore benutzten wir zwei Bürotische. Die Mannschaft, die zuerst sechs Treffer erzielte, gewann. Die rauere Gangart zeigte sich auch daran, dass es im Freizeitheim um Geld ging, was uns auf dem Gummi niemals in den Sinn gekommen wäre. Wenn nach der Schule mindestens sechs Fußballer beisamen waren und sich das Augenmerk langsam vom Billardzimmer auf die Halle verlagerte, dauerte es nie lange, bis einer die rituelle Frage in den Raum warf, mit der das teilnahmslose Rumgebolze auf die beiden Bürotische unterbrochen wurde. Die Frage lautete: »Spiel' ma Cola?« Wobei das letzte Wort eher wie »Golla« ausgesprochen wurde, mit einem tief im

Rachen sitzenden G. Selbst wir Deutschen hatten diesen Wortlaut übernommen, nicht aus einer gehässigen Parodie des fremden Akzents heraus, sondern weil es einfach die amtliche Formulierung war, mit der im Freizeitheim von jeher ein Spiel um Geld vereinbart wurde. Sie besagte, dass die Siegprämie aus drei Dosen Coca-Cola bestehen würde, die anschließend in dem kleinen Lebensmittelladen gegenüber für neunundneunzig Pfennig das Stück gekauft wurden. Zu Beginn legte deshalb jeder Spieler ein Markstück oder zwei Fünfzig-Pfennig-Münzen unter ein Tischbein des eigenen Tores.

Die Zurufe und Flüche in der Halle, in der es so warm wurde, dass die Älteren bald im gerippten Unterhemd spielten, waren immer mit türkischen und jugoslawischen Einsprengseln versetzt, vor allem mit dem allgegenwärtigen »Lan«, das von Ismet und Cengiz (seltener von Hüseyin) in praktisch jeden Satz eingebaut wurde. Ständig hörte man Anweisungen wie »Gib ab, Lan!«, »Spiel steil, Lan!«, »Lass ihn, Lan!« – ohne diese kurze, harte Nachsilbe schien das Gesprochene keine Gültigkeit zu haben. Harry, der aus unerfindlichen Gründen ein wenig Türkisch verstand, sagte einmal, das Wort würde »Junge« bedeuten, aber mir kam es immer so vor, als ob es gleichzeitig auch als Beleidigung verwendet wurde. Das erschien umso naheliegender, da alle anderen fremdsprachigen Begriffe, die ich im Freizeitheim aufgeschnappt habe, ausnahmslos Schimpfwörter waren, das jugoslawische »Kurac!« oder »Pička!« genauso wie das türkische »Sus!« oder »Siktir Lan!« (Ich verstand immer »sik da«, was ein wenig wie »weg da« klang und dem, was gemeint war, nahe kam.) Manchmal ertönte auch die übelste, ultimative Beleidigung, von der mir schon der ewig lächelnde Direk auf dem Abenteuer eingebläut hatte, dass ich sie in Gegenwart eines Türken niemals aussprechen sollte, wenn ich daran Interesse hätte, am Leben zu bleiben. Noch jetzt glaube ich mich kurz vergewissern zu müssen, ob die Luft rein ist, bevor ich mit leichtem Zögern die beiden Wörter tippe: »Anani Sikim«.

Im Verein begann die Winterpause Mitte Dezember mit der Weihnachtsfeier, bei der ich nervös erwartete, was der als Nikolaus verkleidete Betreuer, der jeden Spieler mit ein paar Sätzen würdigte, in diesem Jahr über mich zu sagen hätte; danach war es zwei Monate lang ruhig, mit Ausnahme einiger Hallenturniere, denen ich entgegenfieberte, weil die Spielweise dem Fußball auf dem Gummi entsprach. Wenn es dann Mitte Februar wieder mit dem Training und den Vorbereitungsspielen losging, setzte manchmal erst die größte Kältewelle ein, und es kostete einige Überwindung, an einem Sonntagmorgen um Viertel vor neun bei Minusgraden die Kabine zu verlassen und sich vor dem Spiel warm zu machen. Eine lange Unterhose lehnten alle in der Mannschaft kategorisch ab, ein wenig wärmendes Massageöl auf den Oberschenkeln musste reichen. Beim Hinausgehen schlug mir die Kälte wie ein mit Nadeln gespickter Windstoß entgegen. Ich setzte mich in Bewegung, das übliche Programm, zuerst normales Laufen, dann die Fersen hochziehen, bis sie hinten an die Finger schlagen, dann mit rudernden Armen, und erstaunlich schnell ließ das Frieren nach; ein paar Minuten später spürte ich die schneidende Kälte schon fast nicht mehr (die Vorfreude auf das Spiel überlagerte alles), allenfalls *sah* ich sie noch, weil meine Hände und Oberschenkel eine ungewöhnlich rote Farbe annahmen. Irgendwann ertönte der Pfiff des Schiedsrichters, der die Kapitäne zur Mittellinie beorderte, und ich krempelte wie immer meine Ärmel hinauf, im Stile Paul Breitners – nicht die eisigsten Temperaturen hätten mich davon abhalten können.

Manchmal jedoch machte der Winter diesem Glücksgefühl noch einen Strich durch die Rechnung – wenn ein später Schneesturm dafür sorgte, dass ein Vorbereitungsspiel oder sogar eine der ersten Rückrundenpartien kurzfristig ausfallen musste. Eine solche Mitteilung des Trainers konnte mich in stundenlange Verzweiflung stürzen. Das schlechte Wetter in den Tagen zuvor hatte in mir schon eine ängstliche Vorahnung ausgelöst, und als dann am Samstagabend, zu einer Zeit, in der selten jemand anrief, das Telefon klingelte, wusste ich Bescheid, bevor meine Mutter überhaupt den Hörer abgenommen hatte. Sie schwieg einige Sekunden lang, hörte der Stimme am anderen Ende der Leitung mit ernster Miene zu; dann sagte sie nur »Ist gut, ich werd's ihm ausrichten, danke für Ihren Anruf« und legte auf.

»War's der Trainer?«, fragte ich.

»Ja.«

»Ist das Spiel abgesagt?«

Und sie kam mir mit schonungsvoller Miene entgegen, wie jemandem, dem man eine Todesnachricht überbringen muss.

11. Die Alten

Fast ein ganzes Jahrzehnt habe ich auf dem Vereinsgelände und dem Gummi nebenan verbracht, aber die Erinnerung an diese beiden Orte folgt vollkommen unter-
schiedlichen Mustern. Die Zeit im Verein teilt sich für
mich heute in klar voneinander geschiedene Abschnitte
auf, in die Einheit der *Saison*, die jedes Jahr mit einer neu
gebildeten Mannschaft, jedes zweite mit einer neuen
Altersklasse verbunden war. Für den Gummi dagegen
fehlen mir alle chronologischen Markierungen: sieben,
acht Jahre des beinahe täglichen Spielens, die mir heute
als ungeformte Zeitmasse erscheinen, in der das Gedächtnis keine strukturierenden Hilfsmittel findet.

Den Verein durchlief ich in Stufen, die allerdings nicht,
wie in der Schule, aus einer aufsteigenden Zahlen-, sondern einer aufsteigenden Buchstabenreihe bestanden.
Als ich im September 1976 Mitglied wurde, kam ich in
die E-Jugend, damals die unterste Altersklasse, in der
regulär zwar die Acht- bis Zehnjährigen spielten, aber
auch alle noch Jüngeren einsortiert wurden. (Das Alpha-
bet des Jugendfußballs wurde erst kurz darauf um den
Buchstaben F für die Sechs- bis Achtjährigen erweitert.)
In diesen ersten beiden Jahren gehörte ich nicht einmal

einer richtigen Mannschaft an. Wir trainierten immer auf dem hinteren »Acker«, auf dem die Stollen nach Regentagen tief versanken und das Putzen der Schuhe, an den rundlichen Anlagen vor der Kabine, zu einer langen, anstrengenden Tätigkeit wurde (man musste den Oberkörper beinahe verrenken, um die Stollen, in deren Zwischenräumen sich der Matsch festgesetzt hatte, mit der Holzbürste zu erreichen).

Ab der Saison 1978/79 dann, in der ich Teil der jüngeren E-Mannschaft wurde, sind meine Erinnerungen an den Verein datierbar, einem bestimmten Jahr zuzuordnen, mit wechselnden Betreuern und Mitspielern. Ich kann die Abfolge meiner Trainer noch beinahe lückenlos aufzählen, auch wenn ich mir bei der Schreibweise der Namen, die ich ja nur als gesprochene kannte, unsicher bin und von manchen allein den Nachnamen weiß: Herr Obermaier, Walter Eberl, Werner Enzensberger, Herr Braunauer, Herr Bloch (der in der B-Jugend zum Co-Trainer aufgestiegen war und meine läuferischen Defizite nicht mehr für allzu skandalös hielt). Aus beinahe jeder Saison sind mir ein paar Spiele in besonderer Erinnerung geblieben. Das erste richtige Punktspiel mit der E2, über den ganzen Platz, elf gegen elf, weil das Kleinfeldsystem mit den schmaleren Toren erst im Jahr darauf eingeführt wurde (die bange Vorahnung beim Ausführen einer Ecke, dass der Ball niemals bis in den unendlich weit entfernten Strafraum hineinfliegen würde). Der Saisonauftakt der C1 im September 1983, als unser Verein zum ersten Mal in der höchsten Jugendliga Bayerns spielte und wir den MTV Ingolstadt, der mit einem imposanten Mannschaftsbus angereist kam, in unserem Stadion 4:1 besiegten. Ein Auswärtsspiel bei Wacker Burghausen am Ende derselben Saison, als wir nach einem 1:2 zur Pause innerhalb von fünf Minuten »das Spiel drehten« und meine Eltern, die wie immer mitgefahren waren, mich nach der Rückkehr zur Feier des Sieges in ein Steakhouse in der Münchner Innenstadt einluden. (An diesem Samstag, das sahen wir im Burghausener Vereinsheim noch in der *Sportschau*, fielen in der Bundesliga die meisten je an einem Spieltag erzielten Tore, und Google sagt mir sofort, dass es dreiundfünfzig waren, am 12. Mai 1984.)

In der Erinnerung an den Vereinsfußball mischen sich Bilder und Zahlen, persönliche Eindrücke und objektive Statistiken, und diese Verbindung hat natürlich auch damit zu tun, dass es von den Ereignissen auf dem Platz schriftliche und fotografische Zeugnisse gibt. Schon mein Eintritt in den Club wird durch jenen Ausweis dokumentiert, ein aufklappbares Stück Pappe mit zwölf kleinen Feldern pro Jahr, in denen der bezahlte Mitgliedsbeitrag alle drei Monate mit einem Stempel vom Jugendleiter Herrn Pautz bestätigt wurde (»Beitrag im Quartal DM 19.-«, heißt es rechts oben, und ich glaube mich zu erinnern, dass ich durch diesen Ausweis das klobige Wort »Quartal«, bei dem sich, wenn man es aussprach, die Oberlippe merkwürdig zusammenzog, zum ersten Mal hörte). Auch sämtliche Punkt- und Freundschaftsspiele des Vereins sind erfasst und gespeichert, zum einen offiziell, in den Archiven des Bayerischen Fußballverbandes, deren Bestände sicher noch irgendwo die Ergebnisse der Münchner E-Jugend-Kreisligen 1979/80 oder der C-Jugend-Bezirksliga Oberbayern 1983/84 enthalten, zum anderen in den karierten DIN-A4-Heften, in denen ich einige Jahre lang Buch über alle Spiele und Torschützen meiner Mannschaft geführt habe.

Von der Zeit im Verein finden sich Überlieferungen, nicht zuletzt in Gestalt der Mannschaftsfotos, die – auch das eine Ähnlichkeit zur Schule – am Anfang jeder Saison oder bei besonderen Anlässen gemacht wurden. Aus ihrer Choreografie kann ich heute, wie ein Therapeut bei der Familienaufstellung, meinen Gemütszustand und meine Position innerhalb der Gruppe herauslesen. Die ältesten Fotos, die ich noch habe, stammen von einem Wochenend-Turnier in der Nähe von Frankfurt, über Christi Himmelfahrt oder Pfingsten, zu dem ich als E2-Spieler mit der älteren E1 gefahren bin, vielleicht die erste längere Reise ohne Eltern. Ich erinnere mich an mein Heimweh bei der Gastfamilie, der jeder Spieler für die zwei oder drei Nächte zugeordnet wurde, an die Bettdecke, die sich anders anfühlte, und das Essen, das mir nicht schmeckte. Dass ich kein fester Bestandteil der Mannschaft war und der Trainer mich nur sporadisch einsetzte, machte die Lage nicht einfacher, und auf dem Foto, das vor einem Spiel gegen die Heimmannschaft am Mittelkreis aufgenommen wurde (unser Team stehend, in den gewohnten blauen Trikots, das andere, in weißen Hemden, kniend davor), ist meine Verzagtheit getreu abgebildet. Ich stehe ganz links am Rand, neben unserem Torwart, und wo der Rest der Mannschaft eng zusammengerückt ist, kann man zwischen dem Torhüter und mir eine auffällige Lücke erkennen. Ich scheine gar nicht richtig dazuzugehören, wirke wie ein Zusatz, eine Ergänzung; mit schiefer Haltung, das rechte Bein durchgestreckt, das linke leicht angewinkelt, schaue ich schläfrig Richtung Kamera.

Auf den späteren Mannschaftsfotos, aus der D- und C-Jugend, bin ich dann in die Mitte gerückt, integrierter Teil des Teams, und das einzige Bild, bei dem ich noch einmal ganz außen stehe, aufgenommen vor einem Spiel im November 1981 (das Datum befindet sich, wie häufig bei alten, in Drogerien oder Fotogeschäften entwickelten Filmen, auf der Rückseite des Abzugs), stammt aus der Zeit, als ich die Kapitänsbinde trug; die Randposition ist also selbstgewählt, eine exponierte Geste wie das Einlaufen ins Stadion als Letzter oder die Vorliebe für die hinterste Sitzreihe bei einer Fahrt im Ferienbus. Auf diesem Bild, das anlässlich einer Jubiläumsfeier beim ESV Laim gemacht wurde, einem unserer ständigen Rivalen um den dritten Rang in München, steht Karl-Heinz Rummenigge zwischen den Spielern. Er war damals als Ehrengast geladen – einer der ganz seltenen Momente, in denen sich der große Fußball mit unserem traditionsreichen, aber längst weit unter den Bayern und dem TSV 1860 angesiedelten Club berührte.

Während der Jugendfußball im Verein also chronologisch geordnet und dokumentiert ist, ein sanfter Abdruck der bis in den letzten Winkel erfassten Profiwelt, gibt es von unserer Zeit auf dem Gummi kein schriftliches Zeugnis, kein einziges Foto. Von diesem Ort fehlt heute jede archivierte Spur. Meine Erinnerungen können sich nicht an Jahrgängen und Saisons orientieren, an Tabellen und Mannschaftsfotos. Alles, was mir zur Verfügung steht, ist ein Kaleidoskop von Bildern, in dem immer wieder die Tore im Mittelpunkt stehen, unsere Flickarbeiten am Netz, die Jahre während Ungewissheit über ihre Zukunft; auch die improvisierten Spiele, wenn erst wenige von uns auf dem Platz waren, oder das besondere Gummi-Vokabular, das bis heute nachklingt: »Retten ist Pflicht«, »Erster alles« und die berühmte Regel »Drei Ecken Elfer«.

Woran ich mich kaum erinnere, sind seltsamerweise die Spiele selbst. Ich weiß zwar noch genau, dass die ideale Formation auf dem Gummi fünf gegen fünf war (vier gegen vier fühlte sich zu luftig, sechs gegen sechs zu dicht an), aber über die Zusammensetzung der Mannschaften oder den Verlauf bestimmter Partien kann ich so gut wie nichts mehr sagen. Nur eine Ausnahme gibt es, einen Sonderfall, der auch als einziges Ereignis regelmäßig wiederkehrte und auf einen bestimmten Wochentag datierbar ist. Eines Sonntagnachmittags, wir hatten uns nach den Vereinsspielen und dem Mittagessen gerade auf dem Gummi getroffen, stand plötzlich eine Gruppe von erwachsenen Männern am Spielfeldrand (wir nannten sie dann immer nur »die Alten«, obwohl sie vermutlich nicht weit über dreißig waren). Auch bei dieser Begegnung spielte der unklare Status des Tartanplatzes eine Rolle: Denn einer der Alten, ein großer, drahtiger Mann mit einem Karl-Dall-haften Bart, der sich als Erich vorstellte, unterbrach auf einmal unser Spiel, mit einem Schriftstück in der Hand. Er kam mitten aufs Feld, seiner Sache gewiss, und sagte, dass sie an jedem Sonntag das Recht hätten, den Platz zu nutzen. Das Formular war, mit Stempel und Unterschrift, von einer städtischen Behörde ausgestellt und in Plastikfolie eingeschweißt, was seine Macht für uns noch verstärkte; Erich und die anderen, so stellte sich heraus, gehörten einem Fallschirmspringer-Club an und trafen sich sonntags zum Fußball.

Ich weiß nicht mehr, ob wir uns an diesem Nachmittag sofort einigten. Irgendwann wurde es aber zur unumstößlichen, von uns herbeigesehnten Gewohnheit, dass wir an den Sonntagnachmittagen, zum Abschluss der Woche, ein paar Stunden gegen die Alten spielten. Sie kamen immer zu sechst oder siebt, neben Erich gehörten noch sein Bruder Edi zur Mannschaft, der auch beim Fußball seine Nickelbrille nicht absetzte, und Franz, ein dunkelhaariger Linksfuß, etwas schwerfällig in seinen Bewegungen, aber mit enormem Ballgefühl, ein wenig wie Hans-Günter Bruns von Borussia Mönchengladbach. An jedem Sonntag standen wir nun vor der Frage, wer von der Stammbelegschaft unser Fünferteam (plus ein oder zwei Auswechselspieler) bilden sollte. Die

Auswahl wurde auch dadurch erschwert, dass zu diesem Anlass plötzlich einige ältere Spieler auf dem Gummi auftauchten, die im Verein zwei Jahrgänge über mir waren. Einer von ihnen, ein Linksverteidiger namens Herbert Steinhart, konnte am besten von allen jonglieren. Bei einem Wettbewerb auf dem Sommerfest des Clubs, in der Halbzeitpause eines Spiels, hielt Herbert den Ball als einziger Teilnehmer die gesamte Viertelstunde hoch und musste seine Vorführung erst bei der Rückkehr der Mannschaften auf den Rasen unterbrechen. Herberts Ehrgeiz war es damals, nach dem Training mit seinem *Tango*, den er immer in der Sporttasche hatte, nach Hause zu »dänteln«, ohne dass der Ball herunterfiel. Er wohnte in der Nähe des Getränkemarkts, bewegte sich mit gesenktem Kopf den bekannten Weg entlang, durch den Hockeyclub über die schmale Straße, den Ball immer abwechselnd mit dem linken und dem rechten Fuß berührend, dann in den Innenhof Richtung Krause und schließlich um die Ecke, wo er in einem Neubau wohnte. Meistens scheiterte dieser spektakuläre Versuch, der von ein oder zwei Mitspielern andächtig flankiert wurde. Aber ein einziges Mal, ich war einer der Zeugen, hat er es tatsächlich geschafft.

Bei den Spielen gegen die Alten wurden die Regeln, wie wir sie auf dem Gummi kannten, ein wenig abgewandelt. So gab es, wenn der Ball die Seitenauslinie überschritt, keinen Einwurf, sondern es wurde einfach weitergespielt, mit dem Zaun auf der linken und rechten

Seite als Banden. Wir haben diese Regelung dann nach einer Weile übernommen, weil sie das Spiel schneller machte und, wie in der Halle, auch unerwartete Dribblings und Pässe ermöglichte. Ob wir an diesen Sonntagnachmittagen öfter gewannen oder verloren, weiß ich nicht mehr. Aber mit zunehmendem Alter wurden wir stärker, und wo der frühe Kader, mit der ersten Gummi-Generation, häufig unterlag, weil die meisten von uns erst zwölf oder dreizehn waren, hatte die spätere Grundaufstellung der Vierzehn- bis Sechzehnjährigen, mit Kammler als Torwart, Harry und Huber hinten und Michael und mir in der Offensive, viel bessere Chancen. Die Sonntage bilden in dieser formlosen Zeitmasse also einen wiederkehrenden Einschnitt. Ich könnte aber niemals sagen, bis zu welchem Jahr die rituellen Spiele gegen die Alten wirklich stattgefunden haben. Der Mittelpunkt unseres Lebens hat keine abrufbare Geschichte.

12. Meniskus

Im Sommer nach dem ersten Jahr der B-Jugend, bei einem Kopfsprung vom Tretboot, verdrehte sich mein rechtes Knie. Ich war nun *verletzt*, ernsthaft, anders als bei den früheren Muskelzerrungen, die nach kurzer Zeit von selbst abklangen. Bei den ersten Arztbesuchen lernte ich eine Reihe von medizinischen Fachbegriffen kennen, die dann viele Jahre lang zu ständigen Begleitern wurden: »Arthrografie«, »Arthroskopie« oder »punktieren«, ein Wort, das zunächst einen harmlosen Eindruck machte, nach einer Untersuchungstechnik klang oder höchstens nach dem Anbringen einiger Nadeln knapp unter der Haut, sich dann aber als schmerzhafter Eingriff mit einer großen leeren Spritze herausstellte.

Vor allem aber fiel nun häufig ein Begriff, der immer mehr zur Chiffre meines Zustands wurde. »Meniskus«: ein Körperteil, das es offenbar allein bei Fußballern gab, an der Außen- und der Innenseite des Knies. Zum Thema wurde er nur, sobald er Probleme bereitete; niemand hätte je von einem gesunden oder intakten Meniskus gesprochen. Und so würdevoll und beinahe erhaben die Bezeichnung klang: Diese Stelle des Körpers war vor allem anfällig für Beschädigungen, konnte reißen, einklemmen, sich verdrehen, obwohl ihr als »Puffer«, wie die Ärzte sagten, größte Bedeutung für die Stabilität des Kniegelenks zukam. Nun war also auch mein Außenmeniskus angegriffen, und bei aller Niedergeschlagenheit über den langfristigen Ausfall auf dem Gummi und im Verein spürte ich in der ersten Zeit manchmal sogar einen Anflug von Stolz, auch an dieser Verletzung zu leiden, von der ich zuvor nur aus Zeitungsberichten über Profis gehört hatte. Als hätte mich diese Beeinträchtigung zwangsläufig zu einem arrivierteren Fußballer gemacht (so wie ein junger Autor mit Schreibhemmung sich einreden kann, die Blockade hieve ihn in die Riege ernstzunehmender Schriftsteller).

In diesem Herbst veränderte sich die Wahrnehmung meines Körpers. Ich begann, mein rechtes Knie unaufhörlich zu beobachten und zu testen. Zwei Zeichen gaben mir Auskunft über seine Verfassung: der Grad der Schwellung und die Intensität des Schmerzes bei bestimmten Bewegungen. Ich war mir nach einiger Zeit auch sicher, die Winkel und Perspektiven gefunden zu haben, in denen sich die Schwellung besonders objektiv abzeichnete. Im Sitzen drückte ich mit dem Zeige- und Mittelfinger in die rechte Seite des leicht angewinkelten Knies hinein und kontrollierte dann mit der anderen Hand, wie stark sich die Stelle links von der Kniescheibe ausbeulte. Als Bezugsgröße diente mir dabei mein gesundes Knie, bei dem ein Druck in die äußere Seite nicht die geringste Veränderung der inneren nach sich zog. Das Ertasten der Flüssigkeit im rechten dagegen erschien als untrügliches Indiz für die andauernde Verletzung, und je größer die Wölbung war, je stärker die Haut an der Innenseite spannte, desto verzweifelter wurde ich. Oft wollte ich das eindeutige Ergebnis nicht wahrhaben und versuchte es durch ständige Wiederholung mit Gewalt zu korrigieren.

Ein Jahr lang durfte ich nicht Fußball spielen. Der vertraute Rhythmus, der fast jede Woche seit Beginn der Schulzeit geprägt hatte – zweimal Vereinstraining, am Samstag oder Sonntag ein Spiel, dazu die Nachmittage auf dem Gummi –, setzte plötzlich aus. Mir wurde regelmäßiges »Muskelaufbautraining« verschrieben, auf einem eigens für Kniepatienten konstruierten Stuhl, anschließend dreißig Minuten Elektrobehandlung, vor der ich anfangs große Scheu hatte; als die feuchte Kniemanschette mit einer Reihe von Kabeln an den Transformator angeschlossen und der Regler langsam nach rechts gedreht wurde, erwartete ich den einschießenden Strom beim ersten Mal mit einer Panik, als wäre ich ein Todeskandidat auf dem elektrischen Stuhl. Erst am Ende der zweiten B-Jugend-Saison kehrte ich auf den Platz zurück. Das Knie war nicht geheilt, aber die monatelangen Aufbauübungen hatten ihre Wirkung erzielt, und wenn zwischen den Einsätzen zwei oder drei Tage Pause lagen, waren die Beschwerden auszuhalten. Die heilige, alles überstrahlende Bedeutung des Fußballs hatte in der Zwischenzeit allerdings nachgelassen, sowohl im Verein, wo unsere Mannschaft kurz vor Saisonschluss einen enttäuschenden Platz in der Tabellenmitte belegte, als auch auf dem Gummi. Es fanden dort zwar noch regelmäßig Spiele statt, vor allem am Sonntag gegen die Alten, aber die Selbstverständlichkeit der täglichen Treffen war in den Monaten meiner Abwesenheit verloren gegangen – zum einen weil ein neuer Platzwart des Vereins praktisch jedes Spiel unterbrach, zum anderen weil viele aus unserer Stammbesetzung im Herbst eine Ausbildung begonnen hatten, Harry und Jonas als Kfz-Mechaniker, Michael und Huber in der Stadtverwaltung.

Nach der Sommerpause, im ersten Jahr der A-Jugend, verließ ich meinen Verein und ging zu dem kleineren Club in der Nähe des Tierparks, dem viele Fußballer vom Gummi angehörten. Die dortige Jugendmannschaft spielte vier Ligen tiefer, und dieser Abstieg ließ sich bereits an den Vereinsnamen ablesen. Bislang war ich Jahr für Jahr entweder auf Gegner aus einem anderen Ort getroffen oder, wenn sie ebenfalls aus München stammten, auf Clubs, die nach Stadtteilen benannt waren, auf den TSV Milbertshofen, den TSV Trudering, den SV Aubing, den TSV Forstenried, die FT Gern oder, immer wieder, auf den ESV Laim. In den unteren Jugendligen gab es diese amtlichen Vereinsnamen nicht mehr, in denen die Herkunft einer Mannschaft abgebildet war, und die Gegner hießen nun »FC Sportfreunde«, »SC Bajuwaren«, »TSV Turnerbund«, »FC Dreistern«, »Fortuna Olympia« oder »FC Freundschaft« – kleinere, meistens noch nicht allzu lang bestehende Vereine, die in den Bezirkssportanlagen der etablierten Clubs als zusätzliche

Mieter eingezogen waren (und bei den Heimspielen immer die abgelegensten Hartplätze zugewiesen bekamen). Sie mussten sich einen Fantasienamen geben, weil der naheliegende schon vergeben war. Manchmal hatten sich diese Mannschaften sogar nach bloßen Adressen benannt, wie der »SV Siemens-Hofmannstraße« oder der »SV Echardinger Grünstreifen«, und wenn ich die Spielpaarungen unserer Liga im Aushangkasten vor der Kabine sah, überkam mich ein sentimentales Gefühl. Als wäre ich ein abgehalfterter Sänger beim Anblick seines Tourneeplans, der ihn nicht mehr wie früher in die Arenen der Großstädte führt, sondern nur noch in die Mehrzweckhallen von Dülmen, Lüneburg und Hof.

13. Der Nachsommer

Mein Verhältnis zur Natur beschränkte sich lange Zeit auf die Frage, ob sie geeignete Bedingungen für den Fußball bot. Eine Wiese zum Beispiel war nur dann von Belang, wenn sie ein *Rasen* war, vollkommen eben und frei von allen Bepflanzungen. Blumen oder hohe Gräser nahm ich als bloße Verunstaltungen eines potenziellen Fußballfeldes wahr, die meine Aufmerksamkeit sofort abzogen, ungefähr so wie die Reste frischer Tomaten in der Spaghettisoße oder Fruchtstücke im Joghurt sofort ein Unbehagen vor diesem Essen hervorriefen. Auch der Blick auf Bäume war nichts als die Prüfung möglicher Pfosten. Standen sie in einem Abstand zueinander, der es in einem Park oder am Badesee erlaubte, ein vernünftiges Tor zu bilden? Waren sie schmal und aufrecht genug? Ragte das Wurzelwerk um den Stamm nicht so hoch aus dem Boden heraus, dass der Ball vor der Torlinie zu verspringen drohte?

Grundsätzlich verlor jeder Aufenthalt in der Natur seinen Sinn, wenn kein Ball in der Nähe war. Sonntagsspaziergänge mit Verwandten, nach einem Mittagessen auf dem Land, waren mir verhasst, genauso wie die Wandertage an der Schule oder Fahrten in die nahegelegenen

Berge, zu denen es aufgrund der Gehbehinderung meines Vaters aber nur selten kam. Ich ging bei diesen unvermeidlichen Ausflügen dann mit gesenktem Kopf den Waldweg entlang, und mein einziges Interesse bestand darin, auf dem Boden oder im Gestrüpp an den Seiten Dinge zu finden, die ich als Ballersatz verwenden konnte: Tannenzapfen, mit denen man ganz passabel schießen konnte, auch wenn das Jonglieren eine fast nicht zu meisternde Aufgabe war; Kastanien, die sich, vor allem wenn sie noch in ihrer grünen Hülle steckten, mit Glück sogar vier- oder fünfmal hochhalten ließen; eine Zigarettenschachtel oder, besonderer Lichtblick, eine leere Coladose, die ich dann den Wanderweg entlangdribbelte und in den nächsten Mülleimer zu lupfen versuchte. (Wenn mir das auch nach einigen Malen nicht gelang, entfernte sich der Rest der Familie immer weiter von mir, und ich höre noch die Stimme meiner Mutter, die mir durch den Wald zurief, ich solle endlich nachkommen.)

Die Natur stellte also im besten Fall brauchbare Attrappen des Fußballs bereit, ansonsten war sie zu schief, zu holprig, zu unförmig, als dass ich einen Zugang zu ihr hätte finden können. Nur ganz selten geschah es, dass ein Naturelement das Spiel bereichern konnte, wie etwa im Herbst, wenn die Bäume neben dem Hartplatz unseres Vereins ihre Blätter verloren und das Laub einen Teil des Platzes bedeckte wie die Klopapierrollen der Fans den Rasen auf den Gladbacher Bökelberg oder im River-Plate-Stadion 1978. Beim Training im Flutlicht fühlten wir uns dann, als würden wir unter den Bedingungen des großen Fußballs spielen, und die dunkelgelben Ahornblätter spornten uns zu leidenschaftlicheren Sprints und Zweikämpfen an, so als würde sich hinter der Torauslinie die steil aufragende Kurve mit den jubelnden Fans befinden und nicht einfach die Holzbaracke unseres Vereins, in der wir uns nach dem Training wie immer ein Spezi und eine Leberkässemmel kauften.

In der Natur zu sein, ohne ihre Flächen und Gebilde auf den Fußball zu beziehen, erschien mir noch mit sechzehn oder siebzehn als unmögliche Vorstellung. Dass sich am Ende der Schulzeit dann im Lauf von wenigen Monaten ein ganz neues Verhältnis ergab, war ein Effekt der Literatur. In den Sommerferien zwischen der zwölften und dreizehnten Klasse begann ich zu lesen. Bis dahin hatte ich die Romane und Erzählungen, die Gegenstand des Deutschunterrichts waren oder die mir meine Eltern zu Weihnachten schenkten, nur als lästige Pflicht betrachtet. Freiwillig las ich allein den Sportteil der *Abendzeitung*. Das änderte sich zu Beginn des letzten Schuljahres. Wir sollten in den Ferien den Roman *Mein Name sei Gantenbein* von Max Frisch vorbereiten, und dieses Buch kam mir plötzlich näher als die früheren. Hier wurde nicht wie sonst eine Geschichte erzählt, deren Handlung mich mehr oder weniger interessierte, deren Figuren mir mehr oder weniger sympathisch waren; ich hatte vielmehr das Gefühl, auf diesen Seiten etwas über mich selbst zu erfahren, über Empfindungen und Gedanken, die ich kannte, aber nicht in Worte hätte fassen können. Manche Stellen des Romans (etwa Gantenbeins Bekenntnis, dass er in einer Tischrunde oft ein verstecktes Tonbandgerät laufen lässt, wenn er unter einem Vorwand kurz nach draußen geht, weil er weiß, dass sich die anderen in seiner Abwesenheit sofort darüber unterhalten, was sie wirklich über ihn denken) beeindruckten mich so tief, dass sie zu konkreten Handlungsanleitungen wurden. Wenn ich mit Bekannten in einer Kneipe saß und sich einer von ihnen früher verabschiedete, zählte ich immer schon die Sekunden, bis jemand, kaum dass die Tür des Lokals zugefallen war, einen Kommentar über ihn machte. Und wenn die anderen dann einstimmten in die Ergründung seines Charakters, dachte ich an die Romanpassage und verachtete die Runde für die vorhersehbaren Mechanismen ihres Gesprächs.

Das Eintauchen in die Literatur veränderte meinen Sinn für Landschaften. Zum einen begann sich die Umgebung, in der ich ein Jahrzehnt lang täglich Fußball gespielt hatte, in ein Ensemble von Leseorten zu verwandeln. In der weitläufigen Parkanlage mit den beiden Steinfeldern und dem Gummi unterhalb des Abhangs wurden mir nun Orte wichtig, denen ich bis dahin keine Bedeutung zugemessen hatte, und zwar die Parkbänke aus grünlackiertem Holz, die dort alle zwanzig oder dreißig Meter aufgestellt waren. Ich weiß noch genau, auf welcher Bank (in der Nähe des Seiteneingangs zum Stadion des Vereins) ich etwa den *Anton Reiser* von Karl Philipp Moritz zu Ende gelesen habe. Meine Erinnerung an den Roman wird immer mit diesem Ort verknüpft sein, so wie es bei Nabokov einmal heißt, dass das Bild seiner Berliner Exilanten-Wohnung, in der er zum ersten Mal *Krieg und Frieden* las, »wie eine alte Ansichtskarte für alle Zeiten in dem Buch geblieben« sei.

Die grünen Bänke standen entlang des Hauptwegs der Parkanlage, einer Strecke, die von zahlreichen Spaziergängern bevölkert war, und eigneten sich nicht für längeres, konzentriertes Lesen. Oft fuhr ich mit dem Fahrrad deshalb in den hügeligeren Teil des Parks, auf den Schuttberg, der bislang nur im Winter eine Rolle gespielt hatte, weil dort die besten Schlittenhänge lagen. Oben, an der vertrauten Kreuzung, bog ich nach links ab (in der ersten Zeit immer in dem Gefühl, das sei die falsche Richtung), überquerte die Brücke, die über die Ringstraße führte, und schob mein Rad den Fußweg hinauf zum höchsten Punkt, einer Wiese, auf der ein kleiner Pavillon stand, von dem aus man einen Blick über die Stadt hatte, mit den Kirchtürmen des Viertels im Vordergrund und den Wahrzeichen Münchens, der Frauenkirche, dem Olympiaturm und dem BMW-Gebäude, am blassen Horizont. Hinter diesem Pavillon gab es eine Parkbank, die immer unbesetzt war. Dort habe ich im Sommer nach dem Abitur viele Nachmittage verbracht, mit einer alten Ausgabe von Stifters *Nachsommer*, die noch aus der Schulzeit meiner Mutter stammte.

Regelmäßig stieg ich jetzt auch mit einem Buch in der Tasche in die S-Bahn und fuhr auf gut Glück bis zur

Endstation. Ich hoffte, dass ich in der Nähe des Vorort-
bahnhofs einen Waldrand oder zumindest einen wenig
befahrenen Landweg entdecken würde, der einen geeig-
neten Platz zum Lesen bot. In den Schaukästen am Ma-
rienplatz studierte ich den vielgliedrigen S-Bahn-Plan
und überlegte mir, für welche Linie, für welche Richtung ich mich dieses Mal entscheiden sollte: Mit der tür-
kisen S1 nach Kreuzstraße? Mit der hellgrünen S2 nach
Petershausen oder Holzkirchen? Mit der roten S4 nach
Geltendorf oder Richtung Ebersberg? Am Klang der
Ortsnamen versuchte ich zu erkennen, ob sich hinter
den Bahnhöfen eher ein altehrwürdiges Dorf mit einem
Gasthaus neben der Kirche verbarg oder eine der zer-
klüfteten, in der Nähe der Autobahn errichteten Indus-
triesiedlungen, denen ich aus dem Weg gehen wollte.
Die regelrechten Kleinstädte unter den Endhaltestellen
mied ich grundsätzlich (Freising auf der S1, Erding auf
der S6), ebenso besonders malerische Gegenden (wie
die Stationen am Starnberger See oder das Isartal Richtung Wolfratshausen), deren touristische Schönheit die
Unwägbarkeit meiner Exkursionen, allein auf freier
Flur, geschmälert hätte. Je länger die Abstände zwischen
zwei Haltestellen gegen Ende der Strecke wurden, desto
leerer wurden die Waggons, und wenn der Zug dann am
letzten Bahnhof hielt, war ich oft der einzige Passagier
weit und breit. Unschlüssig stand ich auf dem Vorplatz
und überlegte, in welche Richtung ich gehen sollte.

Verknüpfte ich mit den Ausflügen die Hoffnung, dass
mir die alten Bildungsromane näher kämen, wenn ich sie

in einer Umgebung lesen würde, die dem Dargestellten besser entsprach? Alle Titelhelden waren ja Wanderer, fast immer allein unterwegs, Anton Reiser, Wilhelm Meister, der Grüne Heinrich, auch Heinrich Drendorf aus dem *Nachsommer*, dem Buch, das mich wie kein zweites ergriff. Durch das Lesen in der Natur, durch das eigene Gehen wollte ich den Abstand zu den Romanen verringern, sowohl den zwischen Vergangenheit und Gegenwart, weil die ländliche Umgebung der Welt des späten achtzehnten oder des frühen neunzehnten Jahrhunderts noch ein wenig ähnelte, als auch den zwischen Literatur und Realität. Die Vorstellungsbilder, die diese Bücher auslösten, schienen sich in der fremden Landschaft zu verdichten, so als wäre ich selbst ein Anton Reiser auf dem ungewissen Weg in die neue Heimat oder ein Heinrich Drendorf, den es bei seinen naturkundlichen Forschungen in einen unbekannten Teil des Landes verschlägt. Gerade der *Nachsommer*, mit seinen langen Beschreibungen des idyllischen Rosenhauses von Freiherr von Risach, erzeugte in mir eine so starke Sehnsucht, dass ich es kaum hinnehmen wollte, dass dieser Ort nur in der Fiktion existierte. Auf meinen Ausflügen hoffte ich daher, auch irgendwann auf einem Waldhügel zu landen, der zu einem sorgsam gepflegten alten Anwesen hinaufführte, dessen Besuch vielleicht mein Leben verändern würde (auch wenn die Erhebungen in der Nähe von Geltendorf oder Grafrath dann eher den Blick auf eine Siedlung neu gebauter Einfamilienhäuser freigaben oder auf die Autobahn Richtung Lindau).

Für die Schönheit der Natur als einen eigenständigen Wert, der auf den Sonntagsausflügen mit den Verwandten ständig reklamiert wurde, blieb ich jedoch weiterhin so unempfänglich wie früher. Landschaften waren für mich keine attraktiven Flächen, reizvoll um ihrer selbst willen (»Jetzt schaut doch mal, wie schön das ist«, seufzte eine Tante gerne, die viel auf ihre kultivierte Herkunft gab), sondern eher ein Medium, das die Intensität der Einbildungskraft verstärken konnte, das Gefühl, ganz *in der Literatur* zu sein. Diese Verstärkung erhoffte ich mir, wenn ich vor den Schaukästen im S-Bahnhof den Streckenplan mit den verschiedenen Linien ansah. Das bunte Geflecht war so etwas wie das Wappentier der Stadt. München: ein unförmiger Käfer, mit dem kurzen dicken Rumpf der Stammstrecke durch das Zentrum und der wuchernden Verästelung seiner ins Umland führenden Glieder. Die Gestalt des Plans hatte für mich große Autorität; lange Zeit hielt ich ihn für eine getreue geografische Karte. Dem Schema zufolge lagen die Vororte Münchens ausschließlich im Westen und Osten und waren in strenger Symmetrie angeordnet. Das Umland teilte sich offenkundig in zwei Ballungsräume, die von den dicht beieinanderliegenden Endhaltestellen der Bahnlinien links und rechts auf dem Plan bedient wurden. In der Mitte dagegen, zwischen Freising und Ismaning, zwischen Wolfratshausen und Holzkirchen, klaffte eine breite Lücke, scheinbar wenig besiedeltes Gebiet nördlich und südlich der Stadt. Mir wäre diese Verzerrung wohl noch ewig verborgen geblieben, hätte ich auf einem meiner Ausflüge nicht einmal aus Neugier die mysteriöse S27 genommen, die ohne Zwischenhalt von Solln nach Deisenhofen fuhr und damit als einzige Linie den westlichen mit dem östlichen Strang des S-Bahn-Netzes verband. Gemäß dem Plan war die Strecke von beträchtlichem Ausmaß, denn sie führte durch das ganze offene Brachland im Süden. Wie überraschend war es aber, dass die Fahrt nicht viel länger dauerte als die zwischen zwei regulären Stationen. Die Karte hatte mit den tatsächlichen Gegebenheiten also wenig zu tun.

In der Fußballwelt sorgte meine Verbundenheit mit den Büchern, die im zweiten Jahr der A-Jugend begann, für Irritationen. Einmal, bei einem Vorbereitungsspiel auf dem Land, das ich wegen der Rückkehr meiner Knieprobleme absagen musste, verband ich das Zuschauen mit einem der inzwischen gewohnten Ausflüge. Ich war an diesem Sommertag mit der S-Bahn zu einer Station in der Nähe gefahren und lief mit einem Buch in der Hand über die Dorfwege in Richtung der Sportanlage. Als ich kurz nach Beginn des Spiels ankam, setzte ich mich mit dem Roman – ich glaube, es war eine alte, gebundene Ausgabe des *Maler Nolten* – zu den anderen auf die Reservebank. Die Blicke der Ersatzspieler in diesem Moment wären nicht verstörter gewesen, wenn ich ein Pornoheft dabeigehabt hätte; mein Nachbar rückte sogar instinktiv ein paar Zentimeter zur Seite, als ich das Buch zwischen uns auf die Bank legte, so als würde sein Blick auf eine ekelerregende Wucherung meines Oberschenkels fallen.

Wenn die Existenzform des *Lesers* in der Zeit zwischen Schule und Studium ohnehin etwas von selbstgewählter Isolation hatte, wenn der ständig mitgeführte Roman ein wenig wie das Ausweisdossier des Sonderlings wirkte, löste der Anblick eines Buches im Umfeld des Fußballs besonders starkes Befremden aus. Lesen war ein kapriziöser Makel, eine Tätigkeit, die einen automatisch aus der Gemeinschaft ausgrenzte, was vor allem in Phasen des längeren Zusammenseins, bei einem mehrtägigen Turnier oder auf einer Mannschaftsreise, immer wieder deutlich wurde. In dem höherklassigen Club, in dem ich mit Anfang zwanzig noch einmal spielte, fuhren wir nach der Saison ein paar Tage nach Ibiza, und das graue Edition-Suhrkamp-Taschenbuch, das ich mit zum Strand nahm, der erste Band der *Suche nach der verlorenen Zeit*, wirkte unter den Sonnencreme-Tuben, Plastikbällen, Walkmen und Sangria-Eimern, die verstreut um unsere Kolonie aus Badetüchern lagen, wie ein absurder Fremdkörper. Es war viel zu heiß, um in der prallen Sonne zu lesen, weshalb ich am frühen Nachmittag manchmal für eine Stunde an den Rand der Bucht umzog, unter einen Felsvorsprung. In diesem Bild der Absonderung – von der Sonne in den Schatten, vom Grölen der ersten Trinkspiele zur Stille der Lektüre – kündigte sich der bevorstehende Abschied von dem viele Jahre lang geteilten Lebensweg an. Proust und Fußball: im Weltmeistersommer 1990 eine unvereinbare Mischung. (Ein Mal zumindest muss sich diese Synthese aber seither ergeben haben, auf jenem Tartanplatz in Berlin-Mitte, von dem Wolfgang Herrndorf in

Arbeit und Struktur berichtet und dessen Team zeit-
weise aus Spielern bestand, von denen, wie er schreibt,
»die Hälfte Proust komplett gelesen hatte«.)

Heute bringen die Wege durch die Natur wieder regelmäßig Erinnerungen an den Fußball zurück. Es sind vor
allem die Gerüche, die mich mit einem Schlag in die Zeit
der aufregendsten Spiele zurückversetzen können: der
Duft frisch gemähten Grases, der eine beliebige Wiese
am Stadtrand plötzlich in das Stadion unseres Vereins
verwandelt, eine Stunde vor dem Heimspiel, das wir
ausnahmsweise auf dem penibel gepflegten Rasen be-
streiten durften, und dessen Geruch die Vorfreude auf
das seltene Privileg noch verstärkte. Der scharfe Gestank
einer mir unbekannten, buschartigen Pflanze, der mir
im Hochsommer an der Bushaltestelle entgegenschlägt
und der mich direkt auf den Gummi katapultiert, wo es
hinter dem Zaun in Richtung der Steinplätze genauso
roch, und ich sehe Harry, Jonas, Michael und Huber vor
mir, die an einem Feriennachmittag auf dem Tartan in
der Nähe des Zauns sitzen, in der kurzen Pause zwischen zwei Spielen, weil in dieser Ecke des Platzes der
Schatten am meisten kühlt. Oder ein früher Abend
Ende September, auf dem Weg durch den Park, wenn
das gerade gefallene Laub langsam feucht wird und damit exakt den Geruch verströmt, der damals über dem
Trainingsplatz lag, wenn uns die dunkelgelben Ahornblätter an der Torauslinie zu Höchstleistungen ansporn-
ten. Ich spüre ein Zucken in meinem linken Oberschenkel, ich möchte loslaufen, um den Steilpass von Helmut

Gassler noch im letzten Moment zu erlangen und die Flanke nach innen zu schlagen, wo Heiko Zechner steht und den Ball souverän einschieben wird, als der magische Duft schon wieder nachlässt und mir die Realität in aller Nüchternheit vergegenwärtigt, wie einem Querschnittsgelähmten, der aus einem seligen Traum vom Gehen erwacht.

14. Zeit des Fußballs

Der Fußball ist, auch lange nach den letzten eigenen Einsätzen, der Eichpunkt des Lebens geblieben. Ein Tag, an dem der FC Bayern spielt, in der Bundesliga samstags um halb vier, in der Champions League unter der Woche um neun, kann nicht wie manche anderen in Trägheit und Ratlosigkeit verschwimmen; er hat einen Anker, der ihn hält, ein Ziel, auf das er zusteuert. An den Samstagen verändert diese Vorfreude sogar die Gestalt des Ziffernblatts auf der Uhr. Unter der Woche geraten viele Tage in eine kritische Phase: Die Arbeit des Vormittags ist erledigt, das Mittagessen vorbei, und wenn die Uhrzeiger zwischen Viertel nach zwei und halb drei endgültig die Schwelle von *Mittag* zu *Nachmittag* überschreiten, stellt sich beim Blick auf das Ziffernblatt ein Gefühl der Leere ein (der Winkel zwischen den Zeigern, werktags um fünf vor halb drei, eine Fratze der Ödnis). Erst gegen achtzehn Uhr nimmt die Zeit wieder Form an. Ganz anders das Bild an den Bundesliga-Samstagen: Im Warten auf das Spiel scheint die Uhr gerade zwischen zwei und halb drei zu beschleunigen, und wenn die Zeiger dann in den Bereich des Nachmittags vorstoßen, ist der entscheidende Durchbruch erreicht, und es dauert nicht mehr lange, bis zumindest die Vorberichte beginnen.

Die Anstoßtermine der Bundesliga- und Champions-League-Partien sind das Gerüst der Woche, um das sich die restlichen Stunden gruppieren, so als würde ich nur auf das Spiel hinleben, hinarbeiten, als wäre der Fußball tatsächlich, wie Jean-Philippe Toussaint schreibt, »der zarte Faden, der mich noch mit der Welt verbindet«. Eine Irritation hat sich in den letzten Jahren allerdings immer häufiger eingestellt: die unleugbare Erfahrung, dass die Stunden des Entgegenfieberns, das Zusammenstellen der idealen Mannschaft, das Durchspielen künftiger Tabellenstände das eigentliche Glück ausmachen und das Anschauen des Spiels selbst dann oft so wenig fesselnd ist, dass man nach zehn Minuten die Mails auf dem Smartphone zu lesen beginnt. Diese erstaunliche Indifferenz nach Tagen der Vorfreude ist aber vielleicht kein Widerspruch. Denn liegt die Orientierungskraft des Fußballs nicht in erster Linie darin, dem Leben eine konstante Erzählung zu geben, ein Woche für Woche, Jahr für Jahr, Turnier für Turnier fortgesponnenes Geflecht von Resultaten, Platzierungen und Titeln? Diese Erzählung ist es, die meine tiefe, lebenslange Verbundenheit mit dem Fußball bekräftigt und die vor jedem Spieltag eine sehnsüchtige Erwartung schürt, die in den neunzig Minuten des Spiels (der einzigen Zeitspanne, in der es nicht um vergangene und kommende Daten geht, sondern um reine Gegenwart) jederzeit in sich zusammenfallen kann.

Kaum einen Samstag, kaum einen Spieltag der Champions League hat es in meinem Erwachsenenleben gege-

ben, an dem ich nicht den Auftritt des FC Bayern mit-
verfolgt habe, an den gewohnten Orten daheim oder auf
Reisen, manchmal in exotischen Ländern, manchmal
mit großem Aufwand verbunden. Das Geflecht der
Erzählung duldet keine Lücken, wenn es seine beruhi-
gende Wirkung entfalten soll.

Stationen einer Biografie des Fußballs:

Die Sportsbars der klassischen Umsteigebahnhöfe
(Hannover, Fulda, Hamm), regelmäßiger Zwischenhalt,
zwei Stunden lang, auf dem Weg nach Hause.

Auf einer zähen wissenschaftlichen Tagung in der
Provinz, das ganze Wochenende über – die Flucht am
Samstagnachmittag in eine verrauchte Pilskneipe des
kleinen Ortes, das rot-gelbe Premiere-Schild über der
Tür, schon von Weitem erkennbar, als rettendes Zeichen
der Zugehörigkeit.

Das Münchner Lokalderby im Frühling 1998 in einer
Bar in Friedrichshain, auf einer Berlin-Reise zur Zeit
der größten Verzweiflung, als das ständige Nachdenken
über die Trennung einmal für neunzig Minuten in den
Hintergrund rückte und beim irrwitzigen 2:0 durch
Carsten Jancker, der vom 1860-Torwart bei der Vorbereitung eines Abschlags übersehen wurde, für ein paar
Momente sogar der unbeschwerten Freude wich. (Zwei
Monate darauf begann die WM in Frankreich, und im
Rückblick war es vielleicht genau diese Zeit, mit täglich
bis zu drei Spielen, die mir wieder auf die Beine half, eine
beiläufige und kostenlose Therapie, in deren Verlauf sich
das Gefühl für mich selbst langsam wieder einpendelte.)

Die vielen Samstags-Autofahrten zwischen München und Berlin später, mit Bedacht so gelegt, dass möglichst lange *Heute im Stadion* auf Bayern 1 im Radio zu empfangen war, und das Gefühl der Geborgenheit, des vollkommenen In-der-Welt-Seins, wenn zwischen Greding und Rudolphstein die vertrauten Stimmen der *Bundesligakonferenz* erklangen. (Nur als ich die Sendung zum ersten Mal im Flugzeug hörte, im teuren WLAN-Angebot auf einer Reise nach Los Angeles, wollte sich diese Geborgenheit nicht einstellen, sondern wurde überlagert von einem fast beängstigten Staunen über die Errungenschaften der Technik.)

In Kalifornien selbst dann der Versuch, Samstagfrüh um halb sieben einen Fußballsender im Hotelfernsehen zu finden, und als es gelang, war die Merkwürdigkeit, das Spiel sofort nach dem Aufwachen live zu sehen, noch verschlafen im Bett, ganz ohne Wartezeit und Vorfreude, beinahe ein wenig überrumpelnd, so wie in einem edlen Restaurant, wenn das Essen zu schnell serviert wird.

Einmal, in der labyrinthartigen Altstadt von Tanger, auf der Suche nach einer Fußball-Bar, führte der Weg an einem etwas abgelegenen, düsteren Café vorbei, in dem ein Fernseher lief. Die Männer drinnen nahmen meine halbherzige Frage, ob ich vielleicht das Bayern-Spiel sehen könnte, mit ungeahnter Selbstverständlichkeit auf und ließen die vielen hundert Satellitenprogramme des Receivers so lange durchlaufen, bis plötzlich das rotweiße Bundesliga-Logo auf dem Bildschirm erschien. Es war ein arabisches Programm, um kurz vor halb vier deutscher Zeit, und alles an der Sendung war bekannt, die Sitzordnung der Experten, die Dekoration des Studios, nur dass sämtliche Moderatoren und Gäste traditionelle weiße Gewänder und Kopfbedeckungen trugen. Der Kellner stellte mir ein Glas süßen marokkanischen Pfefferminztee auf den Tisch, und die Bayern gewannen klar gegen Freiburg.

Viele Jahre später, in Rio de Janeiro mittags um halb zwölf, überzeugten wir den Betreiber einer noch geschlossenen Bar, uns hineinzulassen und einen bestimmten Fernsehsender einzuschalten, damit wir den vorzeitigen Gewinn der Meisterschaft beim Spiel der Bayern in Mainz miterleben konnten. In einer Seitenstraße an der Copacabana stießen wir auf den Titel an, in Echtzeit, zehntausend Kilometer von Deutschland entfernt, und ich musste an unseren Pfingsturlaub bei amerikanischen Verwandten Ende der siebziger Jahre denken, als mein Vater und ich die Großeltern in München gebeten hatten, uns den Montags-*Kicker* nach Los Angeles zu schicken, damit wir über die jüngsten Bundesliga-Ergebnisse informiert sein würden. Nach einigen Tagen gingen wir jeden Morgen den kleinen Weg vom Haus zu den Briefkästen an der Straße hinunter, um nachzusehen, ob die begehrte Lieferung schon angekommen war. Eine Woche nach dem ersten versäumten Spiel wussten wir immer noch nichts, telefonieren war zu teuer, europäischer *Soccer* in den amerikanischen Medien unbekannt, und als wir dann eines Vormittags beim Aufsperren des schmalen, länglichen Kastens tatsächlich das zusammengerollte Päckchen mit den deutschen Briefmarken fanden, rissen wir es uns fast gegenseitig aus den Händen, um noch auf der Straße den Umschlag zu öffnen und die Seite mit den Ergebnissen im *Kicker* zu suchen – nur um dann ernüchtert festzustellen, dass das Heimspiel der Bayern gegen einen Abstiegskandidaten mit einem trostlosen Unentschieden geendet hatte, am anderen Ende der Welt, an einem Samstag, der schon eine halbe Ewigkeit zurücklag.

In den tristen letzten Lebensjahren meines Vaters schließlich, nach dem Tod meiner Mutter, war das gemeinsame Anschauen der Bayern-Spiele am Samstagnachmittag das einzige noch verbindende Element: Wenn ich eine Viertelstunde vor Anpfiff in die alte Wohnung kam, in der er jetzt mit wechselnden Pflegerinnen lebte, nahm er die beiden abgegriffenen, nicht mehr ganz sauberen Fernbedienungen in die Hände und versuchte hektisch, den richtigen Sender einzustellen (auch fünfzehn Jahre nach Abschluss des ersten Premiere-Abonnements war das ein nervenzehrendes Unterfangen für ihn). Selbst die fulminantesten Spiele konnten seine Stimmung kaum aufhellen, und aus dem Rollstuhl heraus kommentierte er nur die missglückten Aktionen. Manche seiner bitteren Redensarten hörte ich bei jedem Besuch; ich wusste nach bestimmten Spielszenen schon, dass sie einen Moment später fallen würden. Wenn etwa Bixente Lizarazu oder ein paar Jahre danach David Alaba eine Flanke aus dem Halbfeld weit hinters Tor schlug, kamen mit größter Zuverlässigkeit die Sätze: »Die spielen jeden Tag Fußball, und dann passiert so was, ich werd's nie verstehen.« Und sobald Philipp Lahm, wie es seine Art war, innerhalb kurzer Zeit dreimal den Ball an

der Mittellinie quer oder schräg zurück zu einem Innen-
verteidiger passte, sagte mein Vater wie auf Knopfdruck:
»Da, schau, der Lahm! Spielt nur nach hinten! Vollkommen überschätzt!« Er, der mir während der *Sportschau*-
Berichte einst beigebracht hatte, die immergleiche Sprache der Reporter zu dechiffrieren – jetzt, als deprimierter,
mit dem Alleinsein und seiner fortschreitenden Mus-
kelkrankheit hadernder alter Mann, war er selbst zum
Absender genau vorhersagbarer Botschaften geworden.

In den Umgebungen, in denen ich mich nach dem Ende
der Fußballzeit aufhielt, zuerst in den Punkkneipen,
später dann an der Universität, war das Interesse für
Bundesligaspiele verpönt. Als ich die Gründung einer
Lesegruppe in einem Proseminar einmal mit dem Satz
begann, dass ich samstags ab halb vier grundsätzlich
nicht könne, zog dieses Bekenntnis beinahe meinen
Ausschluss nach sich. Ende der achtziger, Anfang der
neunziger Jahre hatte Fußball in Kreisen, die sich als
intellektuell und akademisch verstanden, nichts zu
suchen – eine heute fast unvorstellbare Zurückweisung,
die kurze Zeit nach dieser Auseinandersetzung auch
nachzulassen begann. Ich glaube, man kann die Akzep-
tanz und spätere Glorifizierung des Fußballs im kultu-
rellen Leben Deutschlands genau datieren, und zwar auf
das Erscheinen von Nick Hornbys Roman *Ballfieber* im
Jahr 1992, der bald darauf auch auf Deutsch herauskam.
Dieses Fan-Buch hat den Fußball salonfähig gemacht,
und schon zwei, drei Jahre später waren WM-Partys
unter geisteswissenschaftlichen Studenten oder Fach-

simpeleien über den Fußball am Rande einer literarischen Lesung nichts Ungewöhnliches mehr.

Mich hat diese sozialtaktische Umarmung des Fußballs abgeschreckt, die sich etwa daran zu erkennen gab, dass die Vorliebe für einen bestimmten Verein nach politischen Maßgaben erfolgte, die Unterstützung von Teams wie Werder Bremen, dem SC Freiburg und vor allem dem FC St. Pauli. In Wahrheit hat die Verbindung zu einem Club so wenig mit freier Wahl zu tun wie die zu den eigenen Eltern; sobald man sich dieses Verhältnisses bewusst wird, kann man nur noch versuchen, das Beste daraus zu machen. Inzwischen gehört es in jedem Institut, in jedem Verlag, in jeder Redaktion seit Langem zum guten Ton, sich für Fußball zu interessieren, aber es ist allzu oft eine ungelenke Begeisterung, so aufgesetzt wie das betont ausgelassene Tanzen auf Buchmessen- oder Fakultätspartys. Umgekehrt fühle ich mich in jeder Runde augenblicklich zu Hause, in der die weit zurückreichende Fußballvergangenheit der Beteiligten, so überraschend sie auf den ersten Blick auch wirken mag, irgendwann zum Vorschein kommt. Es gibt vielleicht keine andere gemeinsame Facette der Biografie, die sofort ein solches Einverständnis schafft.

Fußball hat mein Leben für immer geprägt, nicht zuletzt die Vorstellung von seiner Dauer. In der Kindheit wurde mir das Übermaß an Zeit, das mir auf der Welt bleiben würde, durch das Abzählen künftiger WM-Termine bewusst. Die Weltmeisterschaft von 1978 oder 1982 war gerade vorbei, und ich rechnete mir aus, wann die nächsten Turniere stattfinden würden. Der Vier-Jahres-Rhythmus führte schnell zur großen Zäsur der Jahrtausendwende, zwischen 1998 und 2002, die Zahl 2000 ein silberglitzernder Zauberspiegel, in dem ich mein künftiges Erwachsenenleben vor mir sah (ich würde einunddreißig sein, ein richtiger Mann mit Frau und Kindern). Zu diesem Datum, wie auch zu den darauffolgenden Weltmeisterschaften mit den vielen Nullen und Einsen in der Jahreszahl, konnte ich damals noch eine Art von Verbindung aufbauen. Danach aber begann ein Zeitraum, der vollends im Abstrakten lag, 2022, 2026, Jahreszahlen, die mir als Neun- oder Dreizehnjährigem nichts als Ewigkeit bedeuteten, ein erleichternder Beleg, dass ich für immer leben würde.

Heute, am Tag, da ich dies schreibe, steht das Turnier 2022 in Katar kurz bevor, der Austragungsort 2026 ist bekannt, und sogar für die WM 2030 haben sich bereits die ersten interessierten Gastgeber in Stellung gebracht. Jene bauchigen Jahreszahlen, die damals unendlich weit entfernt waren, sind rasch und mit nicht aufzuhaltender Gewissheit auf mich zugekommen. Ich bin längst mitten in jenem späten Lebensbereich, der mir bei meinen träumerischen Berechnungen damals, auf der Freibadwiese oder in meinem Etagenbett, wenn ich abends nicht einschlafen konnte, unvorstellbar erschien. Die Kette der Weltmeisterschaften: kein unbeschwertes Spiel der Vorstellung mehr, sondern ein erbarmungsloser Ticker. Welche wird *meine letzte WM* sein?

15. Das rote Dach

Gegenüber dem Wohnblock, in dem ich aufgewachsen bin, stand ein altes vierstöckiges Mietshaus mit rotem Ziegeldach. Dieses Dach, das ich sehen konnte, wenn ich aus dem Küchenfenster unserer Wohnung im Erdgeschoss blickte, war bei unsicherem Wetter mein Zeichen. Solange es regnete, waren die Ziegel dunkelrot – ein hässlicher, ernüchternder Farbton, der mir sagte, dass es noch keinen Sinn ergab, aufzubrechen. Selbst wenn ich mich überwunden hätte, bei strömendem Regen auf das Fahrrad zu steigen, wäre auf dem Platz noch nichts los gewesen. Das schmutzige Dunkelrot war trister als das Grau des Himmels, das es ja auch bei trockenem Wetter gab. Es befahl mir, wie das stehen gebliebene Signal einer Ampel, zu warten, auch wenn ich die Trainingshose und mein neues schwarz-weiß gestreiftes Trikot von Juventus Turin schon angezogen hatte. Immer wieder ging ich an solchen verregneten Nachmittagen hinüber in die Küche; die Schule war zu Ende, das Mittagessen vorbei, und eigentlich hätte ich längst mit den anderen auf dem Platz stehen müssen. Und dann, nach dem zehnten oder zwanzigsten Mal, ich hatte die Hoffnung schon fast aufgegeben, sah das Bild gegenüber plötzlich anders aus. Die Farbe des Dachs war wieder heller, das Rot näherte sich seinem gewöhnlichen, rostigen Ton. Es hatte zu regnen aufgehört, tröpfelte höchstens noch, und die Ziegel, die offenbar besonders rasch trockneten, waren mein erstes Indiz.

Ich rannte nach draußen zum Rad, klemmte den Ball in die Mulde der Lenkstange und fuhr die vertraute Strecke entlang, durch den Spielplatz am Freizeitheim, weiter auf dem Fahrradweg neben der Schule, dann rechts in die schmale Straße, die zum Gelände des Fußball- und Hockeyclubs führte. Ich wusste, dass auch mindestens zehn oder zwölf andere Spieler gerade unterwegs waren, alle mit demselben Ziel. Sie wohnten wie ich in einer der Straßen unterhalb des hügeligen Parks oder weiter oben, in den Häuserblocks am zentralen Verkehrsknoten des Viertels, und die Vorstellung, dass jetzt von überallher die Fußballer aus der Nachbarschaft auf den Platz zusteuerten, steigerte meine Vorfreude von Minute zu Minute.

Ich stieß mich vom Sattel ab und erhöhte das Tempo. Beim Überqueren der nassen Straßen achtete ich nicht mehr darauf, den Gehsteig nur an den abgesenkten Stellen der Toreinfahrten zu verlassen, sondern fuhr direkt über die Kanten. Ich musste mich beeilen. Das Spiel konnte jeden Augenblick beginnen.

Inhalt